Isaac Deutscher

Der nichtjüdische Jude

Isaac Deutscher

Der nichtjüdische Jude

Essays

Herausgegeben und mit einem Beitrag
von Tamara Deutscher

Aus dem Englischen von
Eike Geisel und Mario Offenberg

Verlag Klaus Wagenbach Berlin

Die amerikanische Originalausgabe erschien 1968 unter dem Titel *The Non-Jewish Jew and Other Essays* bei Oxford University Press, herausgegeben von Isaac Deutschers Ehefrau, Tamara Deutscher. Die deutsche Erstübersetzung erschien 1988 im Rotbuch Verlag.

Wagenbachs Taschenbuch 863

Covergestaltung Julie August unter Verwendung einer Fotografie der Installation »Transformation« des Lichtkünstlers Markus Jordan im Bet Tahara/Olsztyn PL, © VG Bildkunst, Bonn 2023. Autorenfoto © privat. Gesetzt aus der Arno und der Frutiger Condensed. Das Karnickel auf Seite 1 zeichnete Horst Rudolph. Gedruckt und gebunden bei Pustet, Regensburg. Printed in Germany.

ISBN 978 3 8031 2863 8

Anmerkung der Herausgeberin

Diese Sammlung von Essays erscheint posthum. Wäre Isaac Deutscher noch am Leben, hätte er sein eigenes Werk einer gründlicheren Überarbeitung unterzogen. Ich habe mich entschlossen, in jene Texte, die zum einen oder anderen Zeitpunkt schon einmal gedruckt erschienen sind, so wenig wie möglich einzugreifen: Hier und da wurde eine Fußnote eingefügt oder ein wenig gekürzt. Der Vortrag »Die Russische Revolution und das jüdische Problem« blieb fragmentarisch, daher entschied ich mich, ihn zu bearbeiten; der Essay »Wer ist Jude?« mußte wiederum einer gewissen Auswahl und Verdichtung unterzogen werden.

In einer Zusammenstellung von Vorlesungen, Artikeln und Gesprächen, die einem spezifischen Thema gewidmet sind, lassen sich, auch wenn es aus verschiedenen Blickwinkeln beleuchtet wird, einige Überschneidungen nicht vermeiden. Die Leser werden gleichwohl kaum daran zweifeln, dass Isaac Deutscher in seinen Betrachtungen der so schwierigen Rolle und des tragischen Schicksals der Juden in Europa und in ihrem eigenen Staat es an Konsistenz nicht hat missen lassen.

Ich kann nur darauf hoffen, daß es mir mit meiner Arbeit an diesen Essays gelungen ist, Isaac Deutschers Denken in all seinen Facetten unverfälscht zu erhalten.

Ich danke Dr. R. Miliband und D. Singer für die Lektüre des Bandes vor der Zusendung an den Verlag, John Bell und Dan M. Davin von Oxford University Press für Hilfe und wertvolle Ratschläge, und ich will auch meinen

Freunden und Nachbarn Mr. und Mrs. E. F. C. Ludowyk für ihre Warmherzigkeit und ihren beständigen Zuspruch meinen Dank aussprechen.

Tamara Deutscher
London, Januar 1968

Isaac Deutscher
1907–1967

Einen Namen machte sich Isaac Deutscher zunächst vor allem als Dichter, als er im Alter von sechzehn Jahren seine ersten Verse in polnischen Literaturzeitschriften veröffentlichte. Seine frühen Dichtungen, an die sich der verstreute Rest seines Lesepublikums noch erinnern mag, weisen starke Anklänge an die jüdischen Mystik, Motive aus der jüdischen Geschichte sowie Mythologie auf, und lassen die polnische Romantik mit der jüdischen Volkslyrik in einem Versuch, die Kluft zwischen der polnischen und der jiddischen Kultur zu überbrücken, miteinander verschmelzen. Er übersetzte zudem zahlreiche hebräische, lateinische, deutsche und jiddische Gedichte ins Polnische.

Als Gaststudent besuchte er Vorlesungen zu Literatur, Geschichte und Philosophie an der mittelalterlich wirkenden Jagiellonen-Universität in Krakau. Abende mit Lesungen seiner Gedichte wurden zu wichtigen Ereignissen im Leben dieser künstlerischen und gelehrten polnischen Stadt.

Im Alter von achtzehn Jahren verließ er Krakau und zog nach Warschau; zeitgleich widmete er sich anstelle der Poesie fortan der Literaturkritik und vertiefte sein Studium der Philosophie, der Ökonomie und des Marxismus. Um 1927 trat er der verbotenen Polnischen Kommunistischen Partei bei und wurde alsbald Chefredakteur der geheimen und halbgeheimen kommunistischen Presse. Im Jahr 1931 unternahm er ausgedehnte Reisen in die UdSSR, um sich mit den wirtschaftlichen Bedingungen des Landes im Rahmen des ersten Fünfjahresplans vertraut zu machen. Angebote für akademische Posten an den Universitäten in Moskau und Minsk als Professor für die Geschichte des Sozialismus und marxistische Theorie lehnte er ab. Im folgenden Jahr wurde er aus der Kommunistischen Partei ausgeschlossen.

Die offizielle Begründung für seinen Ausschluß lautete, daß er »die Gefahr des Nationalsozialismus überspitze und Panik in den kommunistischen Reihen verbreite«. Kurz nach seiner Rückkehr aus der UdSSR hatte er zusammen mit drei oder vier Genossen die erste antistalinistische Opposition in der Polnischen Kommunistischen Partei gegründet. Seine Gruppe lehnte sich gegen die Parteilinie auf, nach welcher Sozialdemokratie und Nationalsozialismus »keine Antipoden, sondern Zwillinge« seien; und als eines Tages die kommunistischen Untergrundblätter mit der Schlagzeile »Gefahr der Barbarei bedroht Europa« erschienen, wurde der Chefredakteur aus der Partei ausgeschlossen und exkommuniziert. Von diesem Tag an beschatteten ihn zwei Detektive: ein Ermittler von der polnischen Polizei, der andere ein Freiwilliger der stalinistischen Parteizelle.

Im April 1939 verließ Isaac Deutscher Warschau und zog als Korrespondent einer polnisch-jüdischen Zeitung nach London, für die er vierzehn Jahre lang als Korrekturleser gearbeitet hatte. Als der Krieg ausbrach und er von seinem Einkommen abgeschnitten wurde, war es sein Glück, daß eine jiddische Zeitung in London seinen Beitrag ablehnte. Dieser Umstand zwang ihn, sich mit äußerster Energie und größtem Eifer dem Erlernen der englischen Sprache zu widmen. Munitioniert mit Wörter-, Grammatik- und Lehrbüchern verfaßte er seinen ersten Artikel in englischer Sprache und schickte ihn an *The Economist*. In der darauffolgenden Woche wurde er veröffentlicht, und von da an erschienen seine Beiträge regelmäßig.

Im Jahr 1940 trat Isaac Deutscher der polnischen Armee in Schottland bei, den größten Teil seines »Armeelebens« verbrachte er jedoch in Straflagern als »gefährliches und subversives Element« – die Vergeltung für seine unablässigen Proteste gegen den in der Armee grassierenden Antisemitismus. Nach seiner Entlassung im Jahr 1942 wurde er Mitarbeiter von *The Economist* und dort Experte für sowjetische Angelegenheiten sowie Militärkommentator und Chefkorrespondent für Europa. Zudem arbeitete er für *The Observer*, für den er unter anderem als reisender Europakorrespondent unter dem Pseudonym Peregrine schrieb.

Während der Jahre 1946/7 kehrte Isaac Deutscher dem *Observer* und dem klassischen Journalismus den Rücken, um sich einer weniger schnellebigen Arbeit zuzuwenden. *Stalin, Eine politische Biographie* (*Stalin, A Political Biography*) wurde 1949 veröffentlicht. Als »die umstrittenste Biographie unserer Zeit« bezeichnet, wurde das Werk mehrfach neu aufgelegt und erschien in einer Vielzahl von Sprachen. Die erweiterte Ausgabe von 1967 enthält ein Nachwort über Stalins letzte Jahre.

Seit der Veröffentlichung von *Stalin* galt Isaac Deutscher nunmehr als Autorität in sowjetischen Angelegenheiten und als *der* Historiker der Russischen Revolution; seine Trotzki-Trilogie – *Der bewaffnete Prophet* (*The Prophet Armed*, 1954), *Der unbewaffnete Prophet* (*The Prophet Unarmed*, 1959) und *Der verstoßene Prophet* (*The Prophet Outcast*, 1963) – begründete seinen Ruf auch als Meister der englischen Prosa. Seine Biographie über Trotzki stützt sich auf detaillierte Recherchen in den Trotzki-Archiven der Harvard-Universität. Ein Großteil des im dritten Band enthaltenen Materials ist einzigartig, denn er erhielt von Trotzkis Witwe, der mittlerweile verstorbenen Natalja Sedowa, die Sondergenehmigung, die geschlossene Abteilung des Archivs zu konsultieren, die nach dem Willen ihres Mannes bis zum Ende des Jahrhunderts ungeöffnet bleiben sollte.

Isaac Deutscher plante, seine biographische Reihe mit einer Studie über Lenin abzuschließen; und er äußerte oft die Hoffnung, daß seine Werke als »ein einziger Essay innerhalb einer marxistischen Analyse der Revolution unseres Zeitalters und auch als ein Triptychon von gewisser künstlerischer Einheit« angesehen werden würden.

Während seiner Lehrtätigkeit von 1966 bis 67 als G. M. Trevelyan Lecturer an der Universität Cambridge sprach Deutscher vor einem stets überfüllten Auditorium und wurde durch enorme Aufmerksamkeit und herzliche Reaktionen entlohnt. Die gleiche Resonanz wurde ihm während seines sechswöchigen Aufenthalts an der State University of New York in Binghamton, Harpur College, zuteil, und auch als er im Frühjahr 1967 an der New York University, in Princeton, Harvard und Columbia Vorlesungen hielt. Die G. M. Trevelyan Lectures erschienen unter dem Titel *Die unvollendete Revolution* (*The Unfinished Revolution*) fast gleichzeitig in vierzehn oder fünfzehn Ländern als Buch. Obwohl seine Schriften zahlreiche Auflagen erreichten und in viele Sprachen übersetzt wurden, wurde keine in den Ländern des Ostblocks veröffentlicht. Es gibt jedoch Hinweise darauf, daß sich auch dort nicht wenige mutige und treue Leser finden.

Isaac Deutscher war ein fesselnder Redner und Debattierer mit großer argumentativer Kraft, der häufig vor großem Publikum auf beiden Seiten des Atlantiks sprach. Im Jahr 1965 nahm er am ersten Teach-in über Vietnam teil, bei dem sich fünfzehntausend Studenten auf dem Campus der Universität

Berkeley versammelten, um seiner Brandrede gegen den Kalten Krieg zuzuhören.

Obwohl er mit seinem monumentalen literarischen Werk praktisch auf sich allein gestellt war, verfügte Isaac Deutscher über eine solch außerordentliche Vitalität, daß er die aktuelle Politik dennoch stets mit leidenschaftlichem Interesse verfolgte und seine Analysen der wichtigsten internationalen Ereignisse über vierzehn Jahre in den wichtigsten Zeitungen Europas, der USA, Kanadas, Japans, Indiens und Lateinamerikas gelesen werden konnten.

Er arbeitete bis zum letzten Tag seines Lebens und starb am 19. August 1967 in Rom.

Tamara Deutscher
Mai 1968

Tamara Deutscher
Die Erziehung eines jüdischen Kindes

Während der letzten Jahre seines Lebens wollte Isaac Deutscher eine Autobiographie schreiben, wobei es ihm vor allem auf den Lebensabschnitt ankam, der von seiner Kindheit und Jugend erzählen sollte. Er wollte die Leser des reifen Autors mit seinen Ursprüngen und seiner sozialen Herkunft bekanntmachen. Die Welt, aus der er kam, existiert nicht mehr – es war die Welt, die so grausam zerstört, gequält, vernichtet und ausgelöscht wurde. Sie wird nie wieder auferstehen. Sie kann nur in der Erinnerung und Empfindsamkeit jener weiterbestehen, die überlebt haben. Wollte Isaac diese Welt vor dem Vergessen bewahren, für die heutige junge Generation ein Panorama des jüdischen religiösen und weltlichen Lebens zeichnen, wie er es kannte, bevor die mörderische Flut des Nationalsozialismus darüber hereinbrach?

Er betrachtete mit Skepsis die zahlreichen Versuche jüdischer Organisationen im Westen, diese Geschichte zu erzählen, Dokumente, authentische Berichte und anderes Material zu sammeln, um die Tradition und Geschichte des europäischen Judentums vor dem Krieg am Leben zu erhalten. Für ihn waren diese Bemühungen künstliche Wiederbelebungsversuche, die Atem und Puls des Lebens einem Toten nicht würden einhauchen können. Keine noch so getreue und reichhaltige Dokumentation könnte die Stimmung, die Atmosphäre, das geistige und intellektuelle Klima dieser engen

Gemeinschaft wiedergeben, die zerstört worden ist und in der Isaac die ihn prägenden Jahre verbrachte.

Waren es wirklich diese Jahre, die ihn am nachhaltigsten geprägt haben?

Ich habe den Eindruck, es war nicht der rationale Impetus eines Historikers, in die Vergangenheit zu blicken, um sie anderen verständlich zu machen oder um Verbindungen zur Gegenwart herzustellen, der Isaac veranlaßte, über seine Kindheit zu schreiben. Er wandte sich seiner frühesten Zeit in Gedanken und Erinnerungen so gerne zu, gerade weil sie ihm so weit entfernt und so unwirklich erschien. Eine große Kluft lag zwischen dem einstigen chassidischen Wunderkind aus Chrzanów,[1] das versunken in Talmud und Thora lebte, das am Hof des Wunderrabbi – des Zaddik von Ger – studierte, und dem Atheisten, dem marxistischen Revolutionär, der in seinem klangvollen, reichen und fließenden Englisch an der Pazifikküste zu Tausenden amerikanischen Studenten sprach. Von der Unermeßlichkeit dieser Kluft war er verblüfft und fasziniert.

Genau dies konnte man erkennen an der Art, in der er von seinen frühesten Tagen erzählte. Es erstaunte und amüsierte ihn, daß die Erinnerungen, die er beschwor, die Ereignisse, von denen er berichtete, tatsächlich von ihm selbst handelten. Auch für uns war es nicht leicht, sich ihn als einen kleinen Jungen mit einer dichten schwarzen Haarmähne und Schläfenlocken vorzustellen, als einen Jungen, der um fünf Uhr morgens mit einer flackernden Öllampe in der Hand im verschlafenen Chrzanów durch Schnee und Matsch stapft, um, entsprechend seinem Privileg als bester Schüler, den Rebbe zu wecken.

»Ich klopfte an die Tür, zuerst leicht, dann immer fester, bis der Schein eines Kerzenlichts im Fenster erschien. Die

Rebbetzin ließ mich ein und murmelte etwas in ihr Kopftuch. Sie ließ mich an der Tür stehen, bis der Rebbe erschien; dünn, hager, sein schmutziger Bart ganz zerzaust. Wir gingen zum Morgengebet in die Synagoge. Er hielt meine Hand, aber ich war klein, sehr klein, er hingegen war groß und ging schnell, und es sah aus, als würde ich an seinem langen Arm baumeln und kaum den Boden berühren.« Bin ich wirklich dieses Kind gewesen, diese unausgesprochene Frage schien uns hinter dieser Geschichte hörbar. Gab es wirklich eine Verbindung zwischen Isaacs Kindheit und seinem Erwachsenenalter?

Seine Vorfahren kamen ursprünglich im 16. Jahrhundert aus Nürnberg nach Galizien. Sie hießen Aschkenasy (was auf Hebräisch ›Deutsch‹ heißt). So viele von ihnen waren Drucker, daß die Geschäftskonkurrenz zu Verwirrung und ständigem Streit führte. Ein Zweig des Clans änderte seinen Namen in Deutscher. Sogar unter den Deutschers gab es mehrere, untereinander konkurrierende Druckereien.

Isaac wurde nach seinem Urgroßvater benannt, der ein Talmudgelehrter und ein Mann von furchterregendem Temperament und fanatischen Überzeugungen war. Er betrachtete den Chassidismus, eine Sekte, in der plebejische Elemente gegen die Pompösität und Strenge der etablierten jüdischen Religion aufbegehrten, als eine Abweichung von der Orthodoxie. Einen der Söhne des alten Reb Isaac zog es dennoch zum Chassidismus mit seiner freudigeren Sicht des Lebens und seiner loseren Disziplin, und er schwor dem Zaddik von Ger seine Gefolgschaft. Unter den galizischen Juden war das ein außergewöhnliches Ereignis.

Der Gerer Rabbi hielt Hof auf der anderen Seite der Grenze, im sogenannten Kongreßpolen. Die Reisebeschränkungen, insbesondere für Juden, machten Pilgerfahrten beinahe unmöglich. Als Reb Isaac hörte, daß sich sein Sohn auf dem Weg nach Ger befand, war sein Zorn schrecklich. Er handelte auf unerhörte Weise: Er wandte sich an nichtjüdische, säkulare Instanzen; er holte sich sogar Hilfe bei der österreichischen Polizei. Er zeigte seinen ungehorsamen Sohn an, telegraphierte an die Grenzposten und verlangte, daß der »Schmuggler« unter Bewachung zurückgeführt werde. Er setzte sich durch, aber nur für kurze Zeit. Bei seiner nächsten Eskapade hatte der mißratene Sohn mehr Glück. Bis zu seinem Lebensende blieb er ein standfester Anhänger des Chassidismus, lebte am Hof des Zaddik von Ger und starb friedlich an Altersschwäche in seinem *Beth Midrash* – Gebetshaus – am dem sehr heiligen Abend des Neuen Jahres. Er wurde mit großen Ehren neben dem Grab des Gründers der Gerer Dynastie beigesetzt. Trotz Reb Isaacs Zorn eroberte der Chassidismus die Familie der Deutschers.

Auch Jakob Kopel, Isaacs Vater, ein Mann von großer Bildung und Kultur, hatte eine Zeit der Unruhe und des Protestes durchlebt. In seiner Jugend reiste er in Deutschland herum und widmete sich dem Studium der Archive jüdischer Gemeinden im Rheinland.

Er schrieb jahrelang an einer ausführlichen Geschichte des Judentums, die auf seinen gründlichen, eigenständigen und gewissenhaften Studien beruhte. Als das Manuskript fertig war, kehrte er nach Hause zurück. Hier war er mit der Feindseligkeit nicht so sehr seines Vaters, sondern der seiner Mutter konfrontiert. Die fanatische, gottesfürchtige Frau vermutete häretische Neigungen hinter der Tätigkeit ihres Sohnes. Sie sah ihre Pflicht darin, ihn rechtzeitig zu retten: Sie warf das Manuskript ins Feuer. Für Jakob Kopel war dieser Schlag niederschmetternd. Er unterwarf sich, paßte sich an, verzieh seiner Mutter, doch dieses Erlebnis zeichnete ihn fürs Leben. Er blieb zerrissen zwischen seinem Pflichtgefühl, seiner Treue gegenüber der strengen Orthodoxie seiner Vorväter einerseits und seiner unersättlichen intellektuellen Neugierde andererseits, die in ihm Zweifel entstehen ließ und ihn in Versuchung führte, das Judentum zwar nicht zu verlassen, aber doch seine Grenzen zu überschreiten. Aber er lehnte sich nicht auf. Wie sein Vater und Großvater wurde er Drucker und widmete seine ganze liebevolle Aufmerksamkeit den Manuskripten anderer Leute.

Unter dem Signet »Buchdruckerei Deutscher« erschienen religiöse Werke, philosophische und historische Abhandlungen und sogar Lehrbücher für Mathematik und Algebra, Hebräisch, Deutsch und Latein. Die Deutschers waren stolz darauf, daß die berühmte Ausgabe der Bibel mit Illustrationen von Gustave Doré in der Druckerei Deutscher gedruckt worden war. Diese leichte Abweichung von der Orthodoxie wurde überspielt, die berufliche Genugtuung wog mehr als die strenge Befolgung mosaischen Rechts, welches alle »Götzenbilder« mißbilligt.

Isaac war das älteste von drei Kindern aus Jakob Kopel Deutschers zweiter Ehe. Entsprechend der Familientradition sollte er Rabbi werden; sein Vater wollte ihn nicht als gewöhnlichen Rabbi sehen, der den Bedürfnissen der Gläubigen dient, sondern als einen großen talmudischen Gelehrten. Auf den ältesten Sohn übertrug der Vater seinen ganzen unterdrückten intellektuellen Ehrgeiz. Er hatte dazu allen Grund.

Als Kind lebte Isaac in Einklang mit seinen chassidischen Onkeln, Freunden und Nachbarn. Er teilte ihre archaische Religiosität, ihre Vorurteile, ihre Überzeugungen und Ängste, ihre anachronistische Lebensart. Als frühreifer Junge mit einem großartigen Gedächtnis, einem weiten Verstand und einer außergewöhnlichen Begabung für das abstrakte Denken wurde Isaac im zarten Alter von dreizehn Rabbi. Die orthodoxe jüdische Gemeinde in Leghorn zeigte sich bereits interessiert an den Zukunftsplänen des Wunderknaben und deutete die Möglichkeit einer glänzenden Karriere bei den reichen und noblen Juden Italiens an.

Aber zu dem Zeitpunkt, als der Dreizehnjährige seine *Bar Mitzva* feierte und die gelehrte Abhandlung vortrug, auf Grund derer er zum Rabbi »geweiht« wurde, begann er bereits, die Annahmen der Religion, an die er glauben sollte, in Frage zu stellen. Kein Wunder: Das Thema seiner Abhandlung hätte nicht scholastischer und archaischer oder lebensfremder sein können.

»Fast hundert Rabbis kamen in unsere kleine Stadt, um meinen Vortrag zu hören, zu beurteilen und ihren Segen zu geben oder zu verweigern«, erzählte Isaac. Für seinen Vater und seine Familie, wie auch für die ganze Gemeinde, stellte das die höchste Prüfung dar. Isaac war angespannt, aber nicht verschüchtert. Er dachte an den Rat seines Vaters: Steh gerade, sammle deine Gedanken, und wenn du weißt, was du sagen möchtest, sprich klar und laut. Das war eine dieser typischen elterlichen Anweisungen, auf die Kinder gewöhnlich gereizt reagieren, die sie aber nichtsdestotrotz ihr Leben lang behalten. In einer neuen *Kapota*[2] aus reiner Seide, die extra für diesen Anlaß angefertigt worden war, stand nun Itsju – wie er im Familienkreis gerufen wurde – »gerade, sammelte seine Gedanken« und begann mit seinem zweistündigen Vortrag, der von dem Kikiyon handelte.

Alle siebzig Jahre erscheint ein Vogel über der Welt. Es ist ein großer, schöner Vogel, der sich von allen anderen Vögeln unterscheidet. Er heißt Kikiyon. Der Ursprung dieses merkwürdigen Namens, der wahrscheinlich aus dem Griechischen stammt, konnte nie ganz geklärt werden. Wenn dieser Vogel einmal in siebzig Jahren zum Flug ansetzt, spuckt er auf die Erde, und er spuckt nur einmal. Diese Spucke ist äußerst wertvoll, sie hat nämlich wunderheilende Kräfte und kann jede Krankheit oder Verstümmelung kurieren. Nun mußte Isaac die folgende Frage erörtern und beurteilen: Ist die Spucke des Vogels *koscher* oder *treyfe*? In anderen Worten: Besteht sie vor den jüdischen rituellen Speisegesetzen oder nicht? Isaac zitierte ausführlich alles, was zu diesem Thema geschrieben worden war – alle Kommentare und gelehrten Diskussionen, die es seit Jahrtausenden unter den Weisesten der Weisen gab. Er bewies gute Quellenkenntnis und die Fähigkeit, sich mit den abstrusesten Einzelheiten auseinanderzusetzen. Sein Publikum lauschte mit Entzücken und in völliger Stille. Bewundernd nickten sie mit den Köpfen. Es war unausweichlich – nach kurzer Beratung erklärten sie ihn fähig und würdig, ein Rabbi zu sein.

»Als ich mit dem Vortrag fertig war, wurde ich mit Glückwünschen überschüttet. Meine Mutter, alle meine Tanten und Onkel umarmten mich weinend und lachend zugleich. Mein Vater versuchte, seine tiefe Zufriedenheit und seinen Stolz zu verbergen. Ich war erleichtert. Aber ein unerwartetes Gefühl der Verlegenheit und des Unbehagens ergriff mich. Ich spielte eine Rolle, und ich war zufrieden mit dem dramatischen Effekt meiner Darbietung.« War diese Erfahrung der scholastischen Auseinandersetzung von irgendeinem Nutzen? War es vielleicht eine Übung im abstrakten Denken, ein Training in geistiger Spekulation? War es das, was Montaigne mit »Gymnastik des Geistes« meinte? Auf diese Fragen erwiderte Isaac stets mit einem entschiedenen »Nein«. Im Gegenteil: »Dieses ganze Pseudowissen verstopfte und erschöpfte mein Gedächtnis, es hielt mich vom wirklichen

Leben und Lernen ab, es verstellte mir das echte Wissen von der Welt um mich herum. Dadurch verkümmerte meine körperliche und geistige Entwicklung.«

In die Abhandlung über den Kikiyon mußten in der Tat viele Stunden des Lesens und Studierens investiert werden. Im Alter von vier Jahren wurde Isaac in den *Cheder* geschickt, in die jüdische Religionsschule, von der er immer nur mit Abscheu sprach. Es war ein dunkles, stinkendes Loch, in dem sich zwanzig bis dreißig Buben auf Holzbänken drängten, während ein ungewaschener und unfrisierter Lehrer seinen Schutzbefohlenen das *alef, beis, gyml,* das hebräische Alphabet, die Bibel und die Schriften in einem monotonen Singsang einpaukte. Der Lehrer bediente sich öfter des Stockes, mit dem er den Kopf, die Schulter oder das Gesicht eines unfolgsamen Schülers erreichen konnte.

Es gab auch eine andere Form der Strafe. »Ab dem allerersten Tag im *Cheder* hatte ich panische Angst vor der Schüsselstrafe«, erinnerte sich Isaac. Ein schlechter Schüler mußte sich nackt ausziehen und mit den Füßen in einer Emailleschüssel vor der ganzen Klasse stehen. »Ich habe mir fest geschworen, daß mir das nie, niemals passieren würde. Ich spannte jeden Nerv an, um den Worten des Lehrers zu folgen und immer bereit zu sein, jede seiner Fragen zu beantworten.« Nur einmal bekam der arme Itsju einen Schlag ins Gesicht. Seine Aufmerksamkeit hatte nachgelassen – ein Schwarm Gänse draußen im Hof hatte seine Hingabe an das hebräische Alphabet erschüttert.

Doch sogar dieses schmutzige und stinkende Loch hatte seine guten Seiten: »Es gab einen Lehrer, an den ich mich besonders gut erinnern kann. Er hatte einen roten Bart, einen sehr langen roten Bart, den er während des Unterrichts rhythmisch zu streichen pflegte, und blaßblaue Augen mit einem kindlich unschuldigen Ausdruck des Erstaunens. Sein Blick war stets auf eine entlegene Ecke des Raumes, irgendwo hinter den Köpfen der Knaben, fixiert. Immer wieder erzählte er die Geschichte der Flucht aus Ägypten. Aber er schmückte sie nach Belieben aus. Durch seine starke Vorstellungskraft holte er in unser stickiges Klassenzimmer die Luft, den Duft und den Atem des Roten Meeres herein. Wir konnten den sanften Lufthauch spüren, der die Wolkensäule vor sich hertrieb. Und die Feuersäule glühte vor unseren Augen, die Flammen hüpften und tanzten und explodierten zu einem Feuerregen glitzernder Funken. Doch bald erfaßte uns eine schreckliche Angst, denn wir hörten die Pferde und Wagen der Armee Pharaos hinter uns. Die Spannung stieg, und es war, als ob wir, ›die Kinder Israels‹, jeden Moment mit lauter Stimme ›den Herren anrufen‹ würden. Doch dann sahen wir die barmherzige Hand von Moses über unseren Köpfen und spürten unter den Füßen den sicheren, trockenen und festen Boden. Der starke Ostwind blies das Meer weg. Wir waren wieder sicher zwischen den Wassern, die wie eine Mauer neben uns standen. Und die Mauer war wirklich großartig: aus reinem Kristall, in dem alle Farben des Regenbogens sich tausendfach brachen. Wir saßen wie gebannt und waren kaum fähig zu atmen.«

Solch jüdische Phantasie war die Quelle geistiger Nahrung und Anregung in seiner Kindheit; er erinnerte sich daran stets mit einem starken und lebendigen Gefühl. In seinem Aufsatz über die Malerei Marc Chagalls knüpft er an die jüdischen Wurzeln an, die sie beide in einem gewissen Grad gemeinsam hatten. Chagall übertrat in seiner Jugend die Gesetze der rabbinischen Orthodoxie, welche »die Entwicklung der bildenden Künste blockierte«. »Für einen Juden bedeutete das Malen Rebellion und ein Stück Emanzipation.«

Isaac erreichte seine Emanzipation, indem er gegen den messianischen Glauben und die chassidische Tradition rebellierte und sich der revolutionären sozialistischen Bewegung anschloß. Was Isaac in den frühen Bildern von Chagall anzog, war der »Cheder-Bub« in dem großen Künstler, das jüdische Kind, das die Welt mit umwölkten Augen voller Staunen und Fieber betrachtet. Die Phantasie der jiddischen Folklore im Gegensatz zur Strenge der orthodoxen Religion, die Poesie dieser armen Lehrer mit roten Bärten, die jeden Tag die Überquerung des Roten Meeres bezeugten, die Lieder der Barden, Bettler, heimatlosen Sänger und Geiger, und vor allen Dingen der jüdische Humor waren für ihn eine nie versiegende Quelle der Faszination. Es war charakteristisch und bedeutsam, meinte er, daß alle Witze, die Freud für sein Buch *Der Witz und seine Beziehung zum Unbewußten* benutzte, jüdische Witze waren, voller Spott und Selbstironie und mit einem Hauch von Selbstmitleid. Dieser Humor half den Verfolgten und Unterdrückten, die Unsicherheit und Schwere ihrer Existenz zu ertragen.

Diese Unsicherheit ihrer Existenz wurde Isaac auf schmerzliche Weise deutlich, als er als Junge ein Pogrom in seiner Heimatstadt Chrzanów erlebte. Plötzlich wurde er der ganzen Wucht der Feindseligkeit seiner nichtjüdischen Umgebung gewahr. Es war zwar ein nichtjüdischer Freund seines Vaters, der die Familie vor der drohenden Katastrophe warnte, aber nur wenige Juden hatten solche Freunde und Beschützer. »Wir wohnten im Zentrum der Stadt, in einem reicheren, bürgerlichen Viertel, und nicht alle unsere Nachbarn waren Juden. Unser Vorgarten mit seinen Rosenbüschen und Bäumen war sorgfältig gepflegt. Im Erdgeschoß befand sich die Druckerei meines Vaters, unsere Wohnung lag im ersten Stock. Mein Vater beschloß, alle Fenster und

Türen zu verrammeln und den Angreifern Widerstand entgegenzusetzen, sollten sie versuchen einzubrechen. Er stand hinter der verriegelten Tür, bewaffnet mit einer Eisenstange, die er aus dem Keller geholt hatte. Alle Lichter waren aus. Wir hörten Schreie und den Lärm des nahenden Mobs. Die Schreie und die Rufe nach Hilfe und Gnade wurden immer lauter. Durch die Ritzen in den Fensterläden konnten wir den Widerschein von Flammen sehen. Würden sie die ganze Stadt anzünden? Erstarrt vor Schreck saß ich auf der kleinen Treppe, die vom Schlafzimmer meiner Eltern zu meinem Zimmer führte. Flüsternd sagte ich meine Gebete auf und klammerte mich fieberhaft an dem kurzen *Tallis* fest, den ich immer über meinem Hemd trug. Der aufgebrachte Mob zog an uns vorbei, aber wir konnten hören, wie im Haus nebenan die Fensterscheiben eingeschlagen wurden.«

Isaac war damals keine zehn Jahre alt. Sein religiöser Glaube war bereits etwas schwächer geworden. Aber in der Stunde der Gefahr schienen ihm die Kordeln seines orthodoxen Gewands mit ihrer angeblichen Macht, das Böse fernzuhalten, immer noch mit magischen Eigenschaften ausgestattet zu sein.

Der wild gewordene, zerstörende Mob zog am Haus der Deutschers vorbei. Doch das Erlebnis war unauslöschbar: »Am nächsten Morgen flüchteten wir. Auf dem Weg zum Bahnhof kamen wir durch Straßen, die übersät waren mit zerbrochenen Möbeln, Glas, zerfetzten Büchern und glimmendem Bettzeug. Als wir in der benachbarten Stadt ankamen, trafen wir wieder auf erschreckte Gesichter der dortigen Juden. Es gab Gerüchte, daß die Bauern im Umland in einer häßlichen Stimmung seien.«

Große Markttage hatten auch in besseren Zeiten stets Gelegenheit für eine »Schlägerei mit dem Jid« geboten. Die Bauern besiegelten ihre Vertragsabschlüsse immer mit einem großen Trinkgelage. Wodka und Selbstgebrannter flossen in Strömen, und bald griff man zu beliebigen Waffen – Messer, Sense, Prügel oder Pferdepeitsche –, um alle offenen Rechnungen der Vergangenheit und vielleicht auch solche der Zukunft zu begleichen. Zu der üblichen Aufregung des Markttages kam jetzt, im November 1918, der patriotische Eifer hinzu, der geschickt und leidenschaftlich von den Kanzeln aller Kirchen im wiedergewonnenen Vaterland gepredigt wurde.

Die Flüchtlinge aus Chrzanów zogen weiter, aber auch die nächste Stadt konnte ihnen keine Sicherheit bieten. »Ich erlebte drei Pogrome während der ersten Woche des wiedererstandenen Polen«, erinnerte sich Isaac mit Zorn und Trauer, »so wurden wir am Morgen der polnischen Unabhängigkeit begrüßt.« – »1918 war das große Jahr meiner Kindheit«, erinnerte er sich, »wir lebten in dem sogenannten Drei-Kaiser-Eck. Auf der einen Seite war das russische Polen, auf der anderen das deutsche Polen, und wir befanden uns inmitten der multi-ethnischen Bevölkerung, aus der die österreichisch-ungarische Monarchie bestand. In diesem Drei-Kaiser-Eck mußte das Jahr 1918 noch dramatischer als anderswo erscheinen. In diesem Jahr brachen alle drei Monarchien zusammen, und wir erlebten die Lawine von drei Revolutionen.«

Aus diesem Jahr stammen Isaacs lebendigste Erinnerungen. Besonders gerne erzählte er von einem Ereignis, das er als seine erste wichtige Lektion in Politik betrachtete. Auf dem Marktplatz von Chrzanów, nicht weit von dem Haus der Deutschers, stand das eindrucksvollste städtische Gebäude des Bezirks: Rathaus und Polizeistation in einem. Über dem schweren Eingangstor war auf einem großen Schild das Wappen der Habsburger Monarchie eingestanzt: ein großer Adler mit ausgebreiteten Flügeln und zwei Köpfen, die beide gekrönt waren und nach links und rechts blickten. An einem

Novembertag 1918 versammelte sich eine Menschenmenge vor dem Rathaus, um über die neueste Proklamation des letzten Habsburgers zu reden. Ein junger buckliger Bursche, eine der unbedeutendsten Personen in der Stadt, kletterte eine lange wacklige Leiter hoch, die an das Dach des Gebäudes angelehnt war. Die Menschenmenge beobachtete seine flinken Bewegungen mit stockendem Atem. Er erreichte die Fahnenstange und den Doppelkopfadler. Mit zwei, drei Schlägen eines Hammers lockerte er die Befestigung, an der das Schild hing, dann schaute er hinunter und rief den Leuten zu: »He da, geht zur Seite, paßt auf!« Die Menge trat zurück, der Bucklige warf den Adler auf die Pflastersteine des Platzes. Das Wappen zerbrach in hundert Stücke. Am nächsten Tag wehte die neue, die polnische Fahne über Chrzanów.

Die Symbolträchtigkeit dieser Szene prägte sich in das Gedächtnis des künftigen Historikers ein: Wenn die Zeit gekommen ist, dann kann der »unbedeutendste Bucklige« in der kleinen Stadt das furchteinflößende und verehrte Kaiserwappen zerschlagen.

***

Isaacs Kindheit näherte sich dem Ende. Bis zu seinem 13. Lebensjahr besuchte er mehr oder weniger regelmäßig die staatliche Grundschule. Nach den Morgengebeten in der Synagoge ging er wieder nach Hause, um dann um acht Uhr in die völlig andere Welt der äußerst patriotischen und frommen römisch-katholischen Schule einzutauchen. »Wir jüdischen Buben durften, nein, mußten sogar das Klassenzimmer verlassen, wenn der Priester hereinkam, um den täglichen Religionsunterricht abzuhalten. Obwohl wir selten bewußten Antisemitismus bei unseren Klassenkameraden entdeckten, konnte man nach den Religionsstunden eine gewisse Spannung spüren zwischen den christlichen Buben und all denen, die am Religionsunterricht nicht teilnahmen. Man ließ uns quasi die Kollektivschuld für das Drama der Kreuzigung fühlen. Es fielen keine Worte, die Blicke waren beunruhigend genug. Diese Stimmung hielt jedoch nicht lange an. Bei gemeinsamen Spielen auf dem Schulhof fanden wir wieder zueinander.«

Am Nachmittag, wenn die Schule vorbei war und die meisten von Isaacs Schulkameraden ihre Hausaufgaben machten oder durch die Felder der Umgebung stromerten, widmete er sich seinen rabbinischen Studien. »Ich vermute, daß die beiden Orthodoxien – morgens die katholische und abends die jüdische – sich in meinem Denken gegenseitig neutralisierten und aufhoben; sehr früh lehnte ich beide ab und wurde Atheist«, sagte er fast ein halbes Jahrhundert später.[3]

Mit dreizehn begann im Leben des jüngsten geweihten Rabbi und besten Schülers der örtlichen katholischen Schule, im Leben des erwachenden Dichters und Schriftstellers eine neue Phase voller Schwierigkeiten und Belastungen. Zum Unbehagen der Jugend hinzu kam eine klare Rebellion gegen seine jüdisch-religiöse Erziehung und gegen die Fesseln der Orthodoxie; ein langer Prozeß der Auseinandersetzung mit dem Vater begann. Wie viele Stunden am Tag sollte er in der Synagoge verbringen? Wie viele in der Religionsschule? Wie viele in dem polnischen Gymnasium?

»Ich träumte von dem Gymnasium. Alles erschien mir dort attraktiv, das moderne, helle und luftige Gebäude, um das sich wilder Wein rankte, der große Hof, die Lehrer, von denen ich manche schon kannte; und vor allen Dingen brannte ich darauf, die Schuluniform zu tragen. Ich sah mich schon als echten Studenten mit glänzenden Knöpfen auf der Uniformjacke und einer Tasche voller Bücher – alle natürlich über polnische Dichtung und Geschichte.« Aber dieser Traum konnte sich nie erfüllen. Es wäre undenkbar gewesen, dem Jungen, der der Stolz des jüdischen Gelehrtenturns war, zu erlauben, seine Zeit mit polnischer weltlicher Bildung zu vergeuden.

»Mit Selbstmorddrohungen, Tränen der Verzweiflung und logisch-intellektuellen Argumenten über die Bedeutung jeglicher Bildung, die, wie ich hoffte, meinen Vater überzeugen mußten, erreichte ich einen Kompromiß. Wir stellten einen Zeitplan auf, der für mich sehr unbefriedigend war. Ich sollte die Vor- und Nachmittage dem Studium von Thora und Talmud widmen, aber ich durfte in meiner Freizeit den Lernstoff des Gymnasiums nachholen. Man erlaubte mir, mit den Schülern und Lehrern in Verbindung zu bleiben und mich auf die Prüfungen als externer Schüler vorzubereiten. Mein Vater hatte eine solch übertriebene Vorstellung von meinen Fähigkeiten und eine solche Verachtung für die polnische weltliche Bildung, daß er meinte: ›Du brauchst nicht mehr als zwei Wochen Arbeit, um das zu lernen, wofür sich die anderen das ganze Jahr plagen‹.«

Doch wie zu erwarten war, hielten sich weder Vater noch Sohn allzu lange an diese Vereinbarung. Isaac desertierte immer häufiger von der Synagoge und der jüdischen Schule, um sich in dem hellen und luftigen Gebäude des Gymnasiums aufzuhalten. An keinem Unterricht nahm er regelmäßig teil. Von Zeit zu Zeit schlich er sich in den Unterricht von Professor Urbańczyk, dem Lehrer für polnische Literatur, bei dem der seltsame kleine Junge in der schwarzen *Kapota* und mit den ungeschickt hinter den Ohren versteckten Schläfenlocken gerne gesehen war. Isaac belebte den Unterricht, steckte voller Ideen, platzte heraus mit Fragen, Argumenten und Gegenargumenten. Wenn er aufgerufen wurde, stand er auf, »sammelte seine Gedanken« und lieferte eine originelle Analyse des Problems oder eine eigene Einschätzung des Werks eines der polnischen Dichter. Er organisierte auch einen Literaturarbeitskreis, der sich außerhalb der Schule traf, um nicht nur Fragen der Literatur, sondern auch der Philosophie zu diskutieren.

Hier kam es aber bald zu einem Skandal. Bei einem dieser Treffen eröffnete Isaac die Diskussion über ein von ihm selbst gewähltes Thema: »Jesus Christus war Jude und Kommunist.« Er begann die Rede, konnte sie aber nicht zu Ende bringen: Manche der Jungen waren schockiert, manche entsetzt über die Dreistigkeit dieses Juden. »Plötzlich war ich ein Eindringling, ein ›Jid‹. Hat man ihnen nicht im Religionsunterricht, vielleicht sogar am selben Tag, erzählt, daß die Juden Christus ermordet haben? Die zwei, drei jüdischen Knaben verließen leise das Treffen. Manche der Nichtjuden verteidigten mich, andere waren über diese Gotteslästerung so empört, daß es fast zu einer Schlägerei gekommen wäre.« Am nächsten Tag war die ganze Schule in Aufruhr. Der Direktor und die Lehrer, die bis dahin Isaacs unregelmäßige und nur halbwegs autorisierte Teilnahme am Unterricht toleriert hatten, drohten, ihn ganz auszusperren. Der sanfte Professor Urbańczyk war die Rettung. Er beruhigte die Gemüter und vertuschte schließlich die ganze Angelegenheit.

Kurz darauf wurde Isaacs Teilnahme am Unterricht von einer anderen Seite in Frage gestellt. Jakob Deutscher beschloß, daß für seinen Sohn die Zeit gekommen sei, das Vaterhaus zu verlassen und ernsteren theologischen Studien nachzugehen, was im rückständigen Chrzanów nicht ging. Er sollte von der Anwesenheit heiliger Männer profitieren und ganz in die Atmosphäre gelehrter Dispute eintauchen. Jakob bereitete alles vor, um seinen Sohn zum Hof des Zaddik von Ger zu schicken. Das war ein schwerer Schlag für Isaac. Er weigerte sich zu gehen, er stritt erbittert mit seinem Vater, er holte sich die Unterstützung seiner Mutter. Schließlich schnitt er sich die Schläfenlocken ab.

»Das war kein Akt der Auflehnung, sondern der Verzweiflung. Es wäre für einen Juden undenkbar gewesen, am Hof des Zaddik ohne *Pejes* (Schläfenlocken) zu erscheinen. Ich war überzeugt, daß mein Vater sich dieser Schande nicht aussetzen würde und gezwungen wäre, nachzugeben oder die Idee wenigstens für eine Weile ruhen zu lassen. Ich hatte mich geirrt. Mein Vater sah mich an. Zunächst ruhig, dann mit wachsendem Groll. Ich konnte sehen, wie ein furchtbarer Zorn in ihm anschwoll. Er schlug mich ins Gesicht. Es war das erste Mal, daß er mich geschlagen hat. Es war auch das erste und einzige Mal, daß ich einen Funken Fanatismus in seinen Augen sehen konnte.« Jakob Deutscher, der zwischen religiösen Zweifeln und strenger Orthodoxie schwankte, der sich nach einem weiten Horizont sehnte, aber Angst hatte, die Grenzen des Judaismus zu überschreiten, machte wahrscheinlich eine Phase religiöser Leidenschaft durch, was den Funken des Fanatismus in seinen Augen entzündet haben mußte. Am nächsten Tag machten sich Vater und Sohn auf Pilgerfahrt. »Ich ergab mich in mein Schicksal. Meine List hatte mich nicht gerettet. Ich war mir natürlich im klaren über die Schwere meines Vergehens: Es ist für einen Juden Sünde, ›seine Schläfenlocken mit einem Messer zu berühren‹. Ich habe meinen Vater mit meiner Sünde belastet. Ich war voller Selbstmitleid und voller Mitleid für ihn, denn ich wußte, wie tief ich ihn verletzt hatte.«

Isaacs Aufenthalt in Ger dauerte jedoch nicht lange. Später in seinem Leben quittierte er diese Episode mit einem Schulterzucken: »Ich wurde mitten ins Mittelalter geworfen.

Die anderen Frommen lebten wie in Trance – ihre Gebete und Rituale waren voller Eifer und Leidenschaft. Aber es gab auch einige reiche Juden, die viel weniger eifrig die Riten befolgten. Sie kamen zu kurzen Besuchen, manche aus dem Ausland, um den Rat des Zaddik in ihren geschäftlichen Angelegenheiten einzuholen. Manche von ihnen waren vollkommen zynisch: Sie boten dem ›heiligen Mann‹ einen Anteil an ihrem Geschäftsumsatz an, als Gegenleistung bekamen sie seinen Segen, den sie als eine Art religiöse Versicherung betrachteten.«

Nach nur zwei oder drei Wochen brachte Jakob Deutscher seinen Sohn zurück nach Hause. Die Phase des Fanatismus war vorbei. Die Beziehung zwischen Vater und Sohn, die sich wieder versöhnt hatten und vielleicht ein wenig Reue verspürten, war jetzt von einem neuen Gefühl der Wärme und Zuneigung geprägt. Die langen Winterabende wurden wieder mit gemeinsamem Lesen verbracht. Bei der Auswahl des Lesestoffs kam der geistige Konflikt des Vaters am deutlichsten zur Geltung. Nachdem er der archaischen und erstickenden Atmosphäre von Ger entronnen war, wurde Isaac die Aufgabe gestellt, die Werke von Goethe und Lessing oder die philosophischen Abhandlungen von Spinoza zu studieren. Jede Seite der Bücher, die sein Vater mit ihm las, schien zu sagen: *de omnibus dubitandum*; aber noch einige Wochen zuvor, am Hof des Wunderrabbi, zählten nur Tradition, Autorität und blinder Glaube. Spinoza, der Rebell, Atheist und Häretiker, der exkommunizierte Jude, sollte sich als ein allzu überzeugender Meister für den jungen Rabbi erweisen, der gerade dabei war, die Religion ein für allemal aufzugeben. Wenn Vater und Sohn unbeschwerter Stimmung waren, wandten sie sich der Lyrik und Prosa von Heine zu. Auch hier konnte *Die Geschichte der Religion und Philosophie in Deutschland,* die Isaac fast auswendig kannte, nicht zur Synagoge zurückführen, sondern nur von ihr weg. Dann gab es die Abende, an denen Heines Gedichte und satirische Verse laut vorgelesen wurden. Das Gedicht »Disputation«, in dem ein katholischer Priester und ein jüdischer Rabbiner den Wert ihrer Religion erörtern, war eine Quelle großer Heiterkeit. Das Gedicht endet mit den Zeilen:

»Welcher recht hat, weiß ich nicht –
Doch es will mich schier bedünken,
Daß der Rabbi und der Mönch,
Daß sie alle beide stinken.«

Kein Wunder, wenn am nächsten Morgen und an den darauffolgenden Tagen Isaacs Platz in der Synagoge leer blieb.

***

»Spinoza, Heine, Lassalle ... das sind deine drei Helden«, hielt Isaac seinem Vater vor. »Du gibst mir ihre Werke in die Hand, du liest sie mit mir und du vermittelst mir deine Begeisterung für ihre Philosophie und ihre Ideen. Alle drei haben das Judentum und die Religion verlassen oder transzendiert. Aber du möchtest, daß ich treu und gläubig an dem festhalte, was bereits für Spinoza im 17. Jahrhundert ein Anachronismus war und was Heine und Lassalle vor fast hundert Jahren lächerlich fanden. Du möchtest, daß ich demütig das Leben akzeptiere, das du für mich geplant hast. Aber deine Helden waren Rebellen, Abtrünnige, Umstürzler.«

Ohne Zweifel war der Einfluß von Jakob Deutscher in Isaacs Kindheit und Jugend am stärksten. Es gab eine Harmonie und intellektuelle Verständigung zwischen Vater und

Sohn, die es ihnen erlaubte, einander zu verstehen; es gab auch Streit und Unstimmigkeit, was zu stürmischen und schmerzlichen Momenten in ihrer Beziehung führte, die jedoch immer reich und äußerst lebhaft blieb. Diese Beziehung formte die Persönlichkeit des Sohnes.

Einen Monat vor seinem Tod beschrieb Isaac seinen Vater so: »Mein Vater war ein orthodoxer Jude, der verliebt war in die deutsche Kultur, Philosophie und Dichtung ... Er wollte mit mir immer deutsche Literatur und deutsche Zeitschriften lesen. In seiner Jugend hatte er selbst Aufsätze in der *Neuen Freien Presse,* der bekanntesten Wiener Zeitung, veröffentlicht; er war Korrespondent der Warschauer *Hazefira,* der ersten Tageszeitung, die auf Hebräisch erschien; er hatte auch auf Hebräisch ein kleines Buch über Spinoza mit dem lateinischen Titel *Amor Dei Intellectualis* geschrieben. Spinoza war einer seiner Helden. Heine ein weiterer. Mein Vater hatte auch große Achtung für Lassalle, aber sein höchstes intellektuelles Ideal war, abgesehen von den hebräischen Schriftstellern, natürlich Goethe. Ich teilte die Vorliebe meines Vaters für deutsche Dichtung nicht. Ich war ein polnischer Patriot. Mickiewicz und Slowacki liebte ich unvergleichlich mehr, sie waren mir viel näher. Aus diesem Grund habe ich auch nie gründlich Deutsch gelernt. Mein Vater sagte oft zu mir: ›Ja, du willst deine schönen Gedichte nur auf Polnisch schreiben. Ich weiß, daß du eines Tages ein großer Schriftsteller sein wirst.‹ Mein Vater hatte eine völlig übertriebene Vorstellung von meiner literarischen Begabung und wollte, daß ich mich in einer ›Weltsprache‹ übe.

›Deutsch‹, pflegte er zu sagen, ›ist *die* Weltsprache. Warum willst du deine Begabung in einer Provinzsprache begraben? Du brauchst nur weiter als Auschwitz zu gehen ...‹ – Auschwitz lag an der Grenze nicht weit von uns – ›du brauchst nur weiter als Auschwitz zu gehen, und keiner wird dich mehr verstehen, dich und deine schöne polnische Sprache. Du mußt wirklich Deutsch lernen.‹ Es war ein sich ewig wiederholender Refrain: ›Du brauchst nur weiter als Auschwitz zu gehen, und du wirst völlig verloren sein, mein Sohn!‹ Ungeduldig wie ich war, habe ich ihn oft unterbrochen: ›Ich weiß schon, was du sagen wirst, Vater – Du brauchst nur weiter als Auschwitz zu gehen, und du wirst völlig verloren sein.‹ Die tragische Wahrheit ist, daß mein Vater nie weiter als Auschwitz kam. Während des Zweiten Weltkrieges ist er in Auschwitz verschwunden.«

Isaac hat sich schließlich mit der deutschen Sprache und Kultur angefreundet: Bewirkt haben das die Werke von Marx und Engels. Doch die las er erst viel später, als Erwachsener. »Ich war ein polnisches Kind, in einer polnischen Schule erzogen. Für uns waren die Deutschen genau wie die Russen Unterdrücker, die uns für anderthalb Jahrhunderte unserer Unabhängigkeit beraubt hatten und gegen die wir in zahlreichen Aufständen gekämpft hatten. In der Schule sangen wir ein Lied von Maria Konopnicka, einer großen und gefeierten Dichterin, dessen Refrain lautete: ›Der Deutsche wird uns nicht ins Gesicht spucken und unsere Kinder nicht germanisieren‹. Und da war mein Vater, der mich ›germanisieren‹ wollte! Dieser Versuch lief meiner ganzen Empfänglichkeit für polnische Lyrik und meinen romantischen Vorstellungen von polnischer Unabhängigkeit zuwider.«

***

Amor Dei Intellectualis hätte das Motto von sowohl Jakob wie Isaac Deutscher sein können. Dieses Motto widersprach all den Bemühungen des Vaters, der eine theologische Karriere für seinen Erstgeborenen anstrebte. Indirekt und unbewußt war es jedoch der Vater selbst, der in Isaac den Zweifel gesät und ihm den Respekt für Häresie eingepflanzt hatte, der für Isaac zeit seines Lebens so charakteristisch bleiben sollte.

Wann, an welchem Punkt seines Lebens hat Isaac ein für allemal mit der Religion gebrochen? Es war natürlich eine allmähliche Entwicklung. Aber zweifellos hat ein höchst dramatisches Ereignis, das Isaacs Sinn fürs Theatralische ansprach, den Bruch endgültig besiegelt. Auch hier hat, wenn auch nur entfernt, die Persönlichkeit seines Vaters zur Entwicklung des Sohnes beigetragen.

Einige Monate nach seinem 14. Geburtstag freundete sich Isaac mit einem jungen Lehrling in der Druckerei an. Es war ein hervorragender Arbeiter, sehr reif für sein Alter, immer gut informiert über laufende politische Ereignisse und darüber hinaus ein Kommunist und Atheist – aber dennoch war er Jakob Deutschers Lehrling! Er behandelte Isaac mit leichter Ironie und ein wenig von oben herab, aber er verwickelte ihn gerne in allerhand Diskussionen über Politik und Religion. Er schien entschlossen, Isaac auf beiden Gebieten für seine Überzeugungen zu gewinnen. Am Abend vor Yom Kippur, dem Fest der Versöhnung, forderte er Isaac heraus: »Wenn du wirklich nicht an Gott glaubst, dann beweise es. Ich werde dich morgen am Tor des Jüdischen Friedhofs erwarten.« Isaac war einverstanden. Während die Eltern bei den Gebeten waren, trafen sich die beiden. Der Lehrling führte den Jüngeren zum Grab eines Rabbis. Dort nahm er aus seiner Tasche ein paar Brote mit Butter und Schinken heraus. Das war in der Tat eine tausendfache Gotteslästerung; es war, als ob man Sünde auf Sünde türme. Am heiligsten Fastentage, an dem nicht mal ein Tropfen Wasser die Lippen eines orthodoxen Juden berühren durfte, bekam

Isaac die sündigsten Speisen überreicht. Schon der Anblick von Schinken hätte ihn abstoßen müssen; Fleisch zwischen Schichten von Butter zu legen, war ein gravierender Verstoß gegen die Speisegesetze; und dann noch Schinken, die verabscheuungswürdigste, die sündigste der Speisen.

»Ich war entsetzt über die Niedertracht meiner Tat. Ich kaute an dem Brot und schluckte jeden Bissen mit Mühe herunter. Halb hoffte ich und halb fürchtete ich, daß etwas Schreckliches geschehen würde; ich wartete auf einen Blitz, der mich niederstrecken würde. Aber nichts geschah. Alles war ruhig. Für meinen Begleiter war das Experiment ein großer Witz. Er schüttelte meine Hand und klopfte mir anerkennend auf die Schulter. Ich ließ ihn stehen und rannte zurück in die Stadt.«

In der Synagoge hatte niemand Isaacs Abwesenheit bemerkt. Er kam rechtzeitig von seiner sündigen Eskapade zurück, um sich unter die Leute zu mischen, die nach einem Tag Beten und Fasten zu einem feierlichen Festmahl nach Hause zurückkehrten.

»Am Familientisch konnte ich kaum den Blick heben. Nie im Leben habe ich so viel Reue verspürt wie da. Nicht wegen meiner Tat; es war nicht der Verstoß gegen das mosaische Gesetz, der mein Gewissen so schwer belastete. Die Besorgtheit meines Vaters und die Zärtlichkeit meiner Mutter, die, selber vom Fasten blaß und geschwächt, sich beeilte, der hungrigen Familie, und vor allem mir, Essen aufzutragen – all das war unerträglich.«

Isaac erzählte diese Episode stets mit viel Gefühl. Das unheilige Mahl am Grab des Rabbis, das Sakrileg, die Gottlosigkeit, seine Ängste, der Glaube und die Ungläubigkeit waren nur der Höhepunkt einer langen Entwicklung zum völligen Atheismus. Aber an dem Abend hat er nicht so sehr Gott verhöhnt, vielmehr seine Eltern betrogen. Deshalb würgte der junge Frevler an dem Essen, an seiner Scham und seinen Tränen.

***

Isaac hat sein Vorhaben, über seine Kindheit zu schreiben, nicht mehr ausführen können; aber die autobiographischen Anklänge in vielen seiner Arbeiten zeigen den geistigen Weg, den er zurückgelegt hat. Er gehört, auch in seinem eigenen Selbstverständnis, zu jenem Schlag nichtjüdischer Juden, die das Judentum transzendierten und jenseits der Judenheit zu den höchsten Werten der Menschheit fanden. Wie Heine, Marx, Rosa Luxemburg, Trotzki und Freud empfand Isaac das Judentum, wie jegliche Religion, als zu einengend. Wie sie bewegte er sich als Grenzgänger zwischen verschiedenen nationalen Kulturen, er lebte in der polnischen, jüdischen, deutschen oder englischen Gesellschaft, ohne zu ihr zu gehören. Damit befand er sich in der jüdischen Tradition, was er auch nie leugnete.

Am letzten Abend seines Lebens betrachteten wir von der Höhe des Kapitols den Triumphbogen des Titus, der im hellen Mondlicht der Sommernacht vor uns lag. In seinem genauen und schönen Englisch, das voller Pathos und Poesie war, erklärte uns Isaac noch mal, wie sehr die Juden dieses Symbol des römischen Triumphes haßten. »Der Kampf um Jerusalem zog sich in die Länge. Titus ließ seine Legionen vor den Mauern der belagerten Stadt aufmarschieren. Seine waffenstrotzenden und kampflustigen Kohorten sollten Angst in den Herzen der Belagerten wecken. Ihr dürft nicht vergessen«, fuhr Isaac eindringlich fort, »daß das gesamte Land ringsum bereits in römischer Gewalt war – Jerusalem hielt allein stand. Da war der Tempel, von dicken Mauern umgeben. Auch der königliche Palast wurde von Festungsmauern umgrenzt. Es gab innere Bollwerke, kunstvolle Verteidigungsanlagen und äußere Schutzwälle. Die Verteidiger riskierten es manchmal, die Festung zu verlassen, um die Feinde zu molestieren. Sie mußten sich aber immer und immer wieder in ihre gewaltige und scheinbar uneinnehmbare Festung zurückziehen. Die Römer wurden ungeduldig, ihr Stolz war gekränkt, und sie konzentrierten ihre ganzen Kräfte, um die Stadt zu stürmen. Titus befahl ihnen, mit den Angriffen nicht nachzulassen. Innerhalb der Festung befanden sich über eine halbe Million Männer, Frauen und Kinder, die alle bewaffnet waren und den Tod nicht fürchteten. Und sie sahen Blitze am Himmel und hörten die Stimme Gottes, die ihnen gebot, den Tempel bis zum letzten Atemzug zu verteidigen, und das taten sie auch. Aber Titus war stärker; mit seiner geballten Kraft stürmte er die Festung, und die Mauern fielen. Rom jubelte. Zum Andenken an die triumphale Rückkehr von Titus und seinen Truppen wurde der Bogen gebaut. Er steht für den Fall Jerusalems und die Zerstörung des Tempels. Generationen von Juden stießen Seufzer aus und vergossen Tränen, wenn sie dieses Unglücks gedachten.«

Über ein halbes Jahrhundert war vergangen, seit Isaacs Phantasie durch diese tragische Geschichte bewegt wurde, die er vom Mund seines Lehrers, des poetischen Visionärs und rotbärtigen Rebbe einer jüdischen Schule, vernommen hatte. Isaacs Weg vom *Cheder* in Chrzanów zu den Vorlesungssälen in Cambridge und Harvard, zu den rebellierenden Studenten auf dem Campus von Berkeley war sehr lang; es war ein einsamer und beschwerlicher Weg.

»The childhood shows the man
As morning shows the day«,

schrieb Milton. Es ist, als ob Isaac Miltons Geheiß befolgt hätte:

»Be famous then
By wisdom; as thy empire must extend,
so let extend thy mind o'er all the world.«

Der nichtjüdische Jude

Ein altes talmudisches Sprichwort sagt: »Ein Jude, der gesündigt hat, bleibt immer noch ein Jude!« Mein eigenes Denken bewegt sich natürlich nicht in der Vorstellung von »sündig« oder »nicht sündig«, doch hat dieses Sprichwort mir eine Kindheitserinnerung ins Gedächtnis gerufen, die zu unserem Thema hinführen kann.

Ich erinnere mich, wie ich als Kind beim Lesen eines *Midrasch*[1] in einer Geschichte auf die Beschreibung einer Szene stieß, die meine Einbildungskraft fesselte. Es handelte sich um die Geschichte von Rabbi Meir,[2] dem großen Heiligen und Weisen, einer Säule der mosaischen Orthodoxie und Mitverfasser der *Mischná,*[3] der theologische Unterweisung von einem Häretiker erhielt, von Elischa ben Abujah, genannt Acher.[4] An einem Schabbat war Rabbi Meir bei seinem Lehrer, und wie gewöhnlich waren sie in einen tiefgründigen Disput verwickelt. Der Häretiker ritt auf einem Esel, und Rabbi Meir ging, da ihm verwehrt war, am Schabbat zu reiten, neben ihm her und war derart gebannt von den weisen Worten, die dem ketzerischen Mund entsprangen, daß er nicht bemerkte, wie er und sein Lehrer die rituelle Grenze erreicht hatten, die Juden am Schabbat nicht überschreiten durften. Der große Ketzer wandte sich an seinen strenggläubigen Schüler und sagte: »Sieh, wir haben die Grenze erreicht – wir müssen uns nun trennen; du darfst mich nicht weiter begleiten – geh zurück!« Rabbi Meir kehrte in die jüdische Gemeinde zurück, der Ketzer aber ritt weiter über die Grenzen des Judentums hinaus.

Diese Geschichte konnte ein orthodoxes jüdisches Kind weiß Gott in Verwirrung stürzen. Warum, so fragte ich mich, ließ sich Rabbi Meir, dieser Leuchtturm der Orthodoxie, von einem Ketzer unterrichten? Warum erwies er ihm solche Zuneigung? Warum verteidigte er ihn gegenüber anderen Rabbinern? Mein Herz, so schien es, gehörte dem Ketzer. Wer war er? Er schien zum Judentum zu gehören und gleichwohl außerhalb zu stehen. Er erwies der Strenggläubigkeit seines Schülers eine merkwürdige Achtung, als er ihn am Heiligen Schabbat zu den Juden zurückschickte; er selbst aber mißachtete Vorschrift und Ritual und ritt einfach über die Grenzen hinaus.

Als ich dreizehn oder auch vierzehn Jahre alt war, begann ich, ein Stück über Acher und Rabbi Meir zu schreiben, und versuchte, mehr über den Charakter von Acher herauszufinden. Wie kam er dazu, sein Judentum hinter sich zu lassen? War er etwa ein Gnostiker? Oder Anhänger einer anderen griechischen oder römischen Philosophenschule? Antworten konnte ich keine finden, und über den ersten Akt bin ich nicht hinausgekommen.

Der jüdische Abtrünnige, der über das Judentum hinausgelangt, steht in einer jüdischen Tradition. Man könnte Acher als Prototyp jener großen Revolutionäre des modernen Denkens wie Spinoza, Heine, Marx, Rosa Luxemburg, Trotzki und Freud ansehen. Man könnte sie als in einer jüdischen Tradition stehend begreifen. Sie alle haben die Grenzen des Judentums gesprengt. Sie alle hielten das Judentum für zu beschränkt, zu archaisch und einengend. Sie alle suchten jenseits von ihm nach Idealen und Zielen, und sie sind der Inbegriff für viele der bedeutendsten Leistungen des neuzeitlichen Denkens, sie verkörpern die tiefgreifendsten

Umwälzungen, die in der Philosophie, der Ökonomie und der Politik in den letzten drei Jahrhunderten stattgefunden haben.

Hatten sie irgend etwas miteinander gemein? Haben sie vielleicht wegen ihres »jüdischen Genius« das Denken der Menschheit so entscheidend geprägt? Ich glaube nicht an die einzigartige Genialität irgendeiner Rasse. Aber ich meine dennoch, daß sie in mancherlei Hinsicht sehr jüdisch waren. Ihnen war etwas von der Quintessenz des jüdischen Lebens und des jüdischen Intellekts eigen. Sie waren *a priori* außergewöhnlich insofern, als sie als Juden an der Grenze zwischen unterschiedlichen Zivilisationen, Religionen und nationalen Kulturen gelebt haben und an der Grenze zwischen unterschiedlichen Epochen geboren und aufgewachsen sind. Ihr Denken reifte dort heran, wo die verschiedenartigsten kulturellen Einflüsse sich kreuzten und wechselseitig befruchteten. Sie lebten an den Randzonen oder in den Ritzen und Falten ihrer jeweiligen Nation. Jeder von ihnen gehörte zur Gesellschaft und doch wieder nicht, war ein Teil von ihr und wiederum nicht. Dieser Zustand hat sie befähigt, sich in ihrem Denken über ihre Gesellschaft, über ihre Nation, über ihre Zeit und Generation zu erheben, neue Horizonte geistig zu erschließen und weit in die Zukunft vorzustoßen.

Es war wohl ein englischer protestantischer Biograph Spinozas, der meinte, nur ein Jude hätte diese Umwälzung in der Philosophie, wie sie Spinoza in seiner Zeit herbeiführte, vollbringen können – ein Jude, der nicht durch die Dogmen der katholischen oder protestantischen Kirche gefesselt war, aber auch nicht durch die Dogmen der Religion, in die er hineingeboren war.[5] Weder Descartes noch Leibniz konnten sich in gleichem Maße von den Fesseln der mittelalterlichen scholastischen Tradition in der Philosophie befreien.

Spinoza wuchs auf unter dem Einfluß Spaniens, Hollands, Deutschlands und des Italien der Renaissance – alle geistigen Strömungen der damaligen Zeit prägten sein Denken. In seinem Geburtsland gärte die bürgerliche Revolution. Seine Vorfahren waren, ehe sie in die Niederlande kamen, spanisch-portugiesische *Maranim,*[6] Krypto-Juden, im Herzen Jude und nach außen Christ, wie viele spanische Juden, die von der Inquisition zwangsgetauft worden waren. Nachdem die Spinozas in die Niederlande gekommen waren, bekannten sie sich offen als Juden; aber weder ihnen noch ihren unmittelbaren Nachkommen war das geistige Klima des Christentums fremd geblieben.

Schon gleich zu Beginn seines Weges als unabhängiger Denker und Wegbereiter moderner Bibelkritik erfaßte Spinoza den grundsätzlichen Widerspruch in der jüdischen Religion: den Widerspruch zwischen der monotheistischen Gottesauffassung und der Form, in welcher dieser Gott in der jüdischen Religion erscheint – als ein nur zu einem Volk gehöriger Gott, also den Widerspruch zwischen dem universellen Gott und seinem »auserwählten Volk«. Wir wissen, was Spinoza die Erkenntnis dieses Widerspruchs eingebracht hat: Verbannung aus der jüdischen Gemeinde und Exkommunikation. Er hatte gegen die jüdische Geistlichkeit zu kämpfen, die – unlängst selbst Opfer der Inquisition – nun vom Geist der Inquisition angesteckt wurde. Danach sah er sich mit der Feindschaft des katholischen Klerus und der calvinistischen Geistlichkeit konfrontiert. Sein ganzes Leben war ein einziger Kampf um die Überwindung der religiösen und kulturellen Beschränkungen seiner Zeit.

Von den jüdischen Intellektuellen, die den Gegensätzen verschiedener Religionen und Kulturen ausgesetzt waren, wurden einige durch widersprüchliche Einflüsse und

Zwänge derart in verschiedene Richtungen gezerrt, daß sie keine geistige Balance erreichen konnten und schließlich daran zerbrachen. Einer von ihnen war Uriel Acosta,[7] ein Onkel und Vorläufer Spinozas. Immer wieder rebellierte er gegen die jüdische Religion, und ebenso oft widerrief er. Immer wieder exkommunizierten ihn die Rabbiner, und immer wieder warf er sich in der Amsterdamer Synagoge reumütig vor ihnen auf die Erde. Anders als Acosta erfuhr Spinoza das große intellektuelle Glück, die widerstreitenden Einflüsse miteinander in Einklang bringen und sie zu einer höheren Weltsicht und zu einer einheitlichen Philosophie verarbeiten zu können.

Beinahe in jeder Generation, wann immer jüdische Intellektuelle an der Nahtstelle zwischen verschiedenen Kulturen mit sich selbst und den Fragen ihrer Zeit ringen, brechen die einen wie Uriel Acosta unter der Last zusammen, während andere wie Spinoza unter ihrer Last zu neuer Größe wachsen. Heine war gewissermaßen der Uriel Acosta einer späteren Generation. Sein Verhältnis zu Marx, dem intellektuellen Enkel Spinozas, läßt sich mit dem Verhältnis Uriel Acostas zu Spinoza vergleichen.

Heine war zwischen Christentum und Judentum, zwischen Deutschland und Frankreich hin- und hergerissen. Im Rheinland, wo er geboren wurde, prallten die Einflüsse der Französischen Revolution und des napoleonischen Kaiserreichs auf den Geist des alten Heiligen Römischen Reiches der deutschen Kaiser. Er wuchs im Wirkungsfeld der klassischen deutschen Philosophie und im Einflußbereich des französischen Republikanismus auf; er sah Kant als den Robespierre und Fichte als den Napoleon im Reich des Geistes, und so beschreibt er sie auch in einer der tiefgründigsten und bewegendsten Passagen seiner *Geschichte der Religion und*

Philosophie in Deutschland. In seinen späteren Jahren kam er mit dem deutschen und französischen Sozialismus und Kommunismus in Berührung, und er begegnete Marx mit jener verständnisvollen Bewunderung und Sympathie, die Acosta schon Spinoza entgegengebracht hatte.

Auch Marx wuchs im Rheinland auf. Da seine Eltern sich nicht mehr zum Judentum bekannten, hatte sich Marx nicht wie Heine mit dem jüdischen Erbe auseinanderzusetzen. Er verbrachte den größten Teil seines Lebens im Exil, und so wurde sein Denken von der deutschen Philosophie, dem französischen Sozialismus und der englischen politischen Ökonomie geprägt. In keinem anderen Kopf seiner Zeit sind derart verschiedene Einflüsse so fruchtbar zusammengekommen. Marx gelangte über die deutsche Philosophie, den französischen Sozialismus und die englische politische Ökonomie hinaus; er verarbeitete die besten Elemente dieser Richtungen und überwand so deren jeweilige Beschränktheit.

Als Beispiele, die unserer Zeit näherliegen, finden wir Rosa Luxemburg, Trotzki und Freud: Sie alle sind inmitten historischer Umbruchsituationen geformt worden. In Rosa Luxemburg mischen sich auf einzigartige Weise deutsche, polnische und russische Charakterzüge mit jüdischem Temperament. Trotzki war Schüler eines lutheranischen russisch-deutschen Gymnasiums am Rande des russisch-orthodoxen Zarenreichs im kosmopolitischen Odessa. Freuds geistige Entwicklung entfremdete ihn vom Judentum und brachte ihn in Gegensatz zum katholischen Klerikalismus der habsburgischen Hauptstadt. Sie alle hatten folgendes gemeinsam: gerade die Bedingungen, unter denen sie lebten und arbeiteten, ließen keine Versöhnung mit national oder religiös beschränkten Ideen mehr zu und veranlaßten sie, sich um eine universelle Weltanschauung[8] zu bemühen.

Spinozas Ethik war schon keine jüdische Ethik mehr, sondern die Ethik der Menschheit insgesamt – genauso wie sein Gott nicht mehr den jüdischen Gott vorstellt: Sein Gott verschmolz mit der Natur und streifte damit seine besondere und einzigartige, göttliche Identität ab. Dennoch waren in gewisser Weise Spinozas Gott und seine Ethik immer noch jüdisch, wenn er auch den jüdischen Monotheismus zu seinem logischen Schlußpunkt geführt und die jüdische universelle Gottesvorstellung zu Ende gedacht hat; aber einmal zu Ende gedacht, war dieser Gott dann nicht mehr der jüdische Gott.

Heine hat sein ganzes Leben hindurch mit dem Judentum gerungen; seine Haltung zu ihm war auf bezeichnende Weise ambivalent, von liebendem Haß oder von hassender Liebe erfüllt. In dieser Hinsicht fiel er hinter Spinoza zurück, der nach seiner Exkommunikation durch die Juden nicht zum Christentum übergetreten war. Heine besaß nicht die geistige und charakterliche Stärke Spinozas. Und er lebte in einer Gesellschaft, die noch in den ersten Jahrzehnten des neunzehnten Jahrhunderts rückständiger war als die holländische des siebzehnten Jahrhunderts. Zunächst richtete er seine Hoffnungen auf jene Pseudoemanzipation, deren Ideal Moses Mendelssohn mit den Worten ausgedrückt hat: »In den eigenen vier Wänden ein Jude und draußen ein Mensch.« Die Kleinmütigkeit dieses deutsch-jüdischen Ideals stand dem armseligen Liberalismus der deutschen Bourgeoisie in nichts nach; der deutsche Liberale war ein »freier Mann« in seinen eigenen vier Wänden, draußen jedoch der »allertreueste Untertan.«[9] Mit dieser Haltung konnte sich Heine langfristig nicht begnügen. Er sagte sich vom Judentum los und unterwarf sich dem Christentum. Innerlich aber konnte er sich mit der Lossagung und dem Übertritt nie aussöhnen.

Die Ablehnung der jüdischen Orthodoxie durchzieht sein ganzes Werk. Sein Don Isaac sagt zum Rabbi von Bacharach: »... ich liebe eure Küche weit mehr als euren Glauben; es fehlt ihm die rechte Sauce. Euch selber habe ich nie ordentlich verdauen können. Selbst in euren besten Zeiten, selbst unter der Regierung meines Ahnherrn Davids, welcher König war über Juda und Israel, hätte ich es nicht unter euch aushalten können, und ich wäre gewiß eines frühen Morgens aus der Burg Zion entsprungen und nach Phönizien emigriert oder nach Babylon, wo die Lebenslust schäumte im Tempel der Götter ...« Dennoch spricht er als leidenschaftlicher Jude tief betroffen in einem Brief an einen Freund: »Ich habe gewaltig beschworen / Den tausendjährigen Schmerz.«

Der rund zwanzig Jahre jüngere Marx überwand das Problem, das Heine gequält hatte. Nur einmal setzte er sich damit auseinander, und zwar in seiner berühmten Frühschrift *Zur Judenfrage*. Darin erfolgt seine uneingeschränkte Ablehnung des Judentums. Apologeten der jüdischen Orthodoxie und des jüdischen Nationalismus haben Marx deshalb heftig als »Antisemiten« attackiert. Ich meine dagegen, daß Marx zum Kern der ganzen Frage vorgedrungen ist, wenn er schreibt, daß sich das Judentum »nicht trotz der Geschichte, sondern durch die Geschichte erhalten« habe, daß es sein Fortleben der besonderen Rolle der Juden als Träger der Geldwirtschaft in einer naturalwirtschaftlich geprägten Umgebung verdankt; daß die jüdische Religion im wesentlichen einen theoretischen Abriß von Marktbeziehungen darstelle, also Kaufmannsglauben sei, und daß das christliche Europa in der Entwicklung vom Feudalismus zum Kapitalismus in gewisser Weise jüdisch geworden sei. Marx betrachtete den Christen als den »theoretisierenden Juden«, den Juden als den »praktischen Christen« und deshalb auch den

»praktischen« christlichen Bourgeois als »Juden«. Da er die jüdische Religion als den religiösen Reflex bürgerlichen Denkens verstand, sah er das bürgerliche Europa sich dem Judentum angleichen. Sein Ideal lag nicht in der Gleichheit von Juden und Nichtjuden in einer »judaisierten« kapitalistischen Gesellschaft, sondern in der Emanzipation der Juden wie der Nichtjuden von der bürgerlichen Lebensweise, oder, wie er es provokativ und etwas überspitzt in seiner junghegelianischen Ausdrucksweise formuliert hat: in der »Emanzipation der Gesellschaft vom Judentum«. Seine Idee war universell wie die Spinozas, jetzt aber in der Zeit um zweihundert Jahre fortgeschritten – es war die Idee des Sozialismus und der klassenlosen und staatsfreien Gesellschaft.

Von seinen vielen Schülern und Nachfolgern kam Marx in Geist und Temperament kaum jemand so nahe wie Rosa Luxemburg und Leo Trotzki. Ihre Nähe zu Marx zeigt sich in ihrer dialektisch begriffenen, dramatischen Vorausschau der Welt und ihrer Klassenkämpfe und in der außergewöhnlichen Übereinstimmung ihres Denkens, ihrer Leidenschaft und Vorstellungskraft, die ihrer Sprache und ihrem Stil so besondere Klarheit, Dichte und Reichtum verleihen. (An diese Qualitäten dachte wahrscheinlich Bernard Shaw, wenn er von der »spezifisch jüdischen literarischen Begabung« bei Marx sprach.) Wie Marx, so strebten auch Rosa Luxemburg und Trotzki gemeinsam mit ihren nichtjüdischen Genossen nach den universalen und nicht den partikularistischen, nach den internationalistischen und nicht den nationalistischen Lösungen für die Probleme ihrer Zeit. Rosa Luxemburg versuchte, den Widerspruch zwischen dem deutschen reformistischen Sozialismus und dem russischen revolutionären Marxismus aufzuheben. Sie wollte dem deutschen Sozialismus etwas Elan und Idealismus der Polen und Russen einhauchen, etwas von jener »revolutionären Romantik«, die ein so großer Realist wie Lenin vorbehaltlos geschätzt hat. Umgekehrt versuchte sie zuweilen, den demokratischen Geist und die demokratischen Traditionen Westeuropas in die sozialistische Untergrundbewegung Osteuropas zu verpflanzen. Sie scheiterte an ihrem wichtigsten Ziel und bezahlte dafür mit ihrem Leben, und nicht nur sie. Im Mord an Rosa Luxemburg feierte Hohenzollern-Deutschland seinen letzten, Nazi-Deutschland hingegen seinen ersten Triumph.

Trotzki, der Verfechter der permanenten Revolution hatte die Vision einer weltweiten, die gesamte Menschheit verändernden Umwälzung. Er, der zusammen mit Lenin die russische Revolution angeführt und die Rote Armee gegründet hatte, geriet mit dem Staat, den er selbst mitgeschaffen hatte, in Konflikt, als dieser Staat und seine Führer das Banner des »Sozialismus in einem Land« hißten. Diese Beschränkung der sozialistischen Vision auf die Grenzen eines Landes war nicht nach seinem Sinn.

Diese großen Revolutionäre waren alle äußerst verwundbar. Als Juden waren sie in gewissem Sinne wurzellos, aber eben nur in mancher Hinsicht, waren sie doch ganz eng mit der intellektuellen Tradition und den edelsten Bestrebungen ihrer Zeit verbunden. Aber immer, wenn religiöse Intoleranz oder nationalistische Stimmungen aufkamen, immer wenn Engstirnigkeit und Fanatismus triumphierten, waren sie die ersten Opfer. Von jüdischen Rabbinern exkommuniziert, wurden sie von christlichen Geistlichen verfolgt; von den Schergen der absolutistischen Herrscher und ihrer Soldateska gehetzt, wurden sie von den pseudodemokratischen Spießern gehaßt und schließlich von ihren eigenen Parteien verstoßen. Fast alle wurden aus ihren Heimatländern vertrieben, und ihre Schriften wurden zuweilen auf dem Scheiterhaufen verbrannt. Spinozas Name durfte nach seinem Tod über ein Jahrhundert lang nicht erwähnt werden – nicht einmal Leibniz, der ihm in seinem Denken so tief verpflichtet war, wagte es. Trotzki ist im heutigen Rußland noch immer eine Unperson. Die Namen Marx, Heine, Freud und Rosa Luxemburg waren in Deutschland vor nicht allzu langer Zeit geächtet. Aber sie alle werden zuletzt doch den Sieg davontragen. Ein Jahrhundert lang geriet der Name Spinoza in Vergessenheit, aber dann hat man ihm Denkmäler errichtet und als den größten Erneuerer menschlichen Denkens anerkannt. Herder sagte einmal über Goethe: »Wenn doch der Goethe einmal ein anderes lateinisches Buch als den Spinoza in die Hand nähme.« Goethe war in der Tat tief von Spinozas Denkweise durchdrungen, und Heine schreibt zu Recht: »Die Lehre des Spinoza hat sich aus der mathematischen Hülle entpuppt und umflattert uns als Goethesches Lied.« Heine hat über Hitler und Goebbels triumphiert. Auch die anderen Revolutionäre werden weiterleben und früher oder später den Sieg über diejenigen davontragen, die mit aller Gewalt jede Erinnerung an sie auslöschen wollten.

Es liegt auf der Hand, daß Freud derselben intellektuellen Linie zuzurechnen ist. In seinen Arbeiten, wie auch immer ihre Stärken und Schwächen aussehen, überwindet er die Grenzen früherer psychologischer Schulen. Der Mensch, den er analysiert, ist kein Deutscher oder Engländer, kein Russe oder Jude – sondern der Mensch schlechthin, in dem das Unbewußte und das Bewußte miteinander ringen; der Mensch als Teil der Natur und Mitglied der Gesellschaft; der Mensch, dessen Wünsche und Sehnsüchte, dessen Zweifel und Hemmungen, dessen Ängste und Unsicherheiten im wesentlichen die gleichen sind, welcher Rasse, Religion oder Nation er auch angehört. Von ihrem Standpunkt aus hatten die Nazis recht, wenn sie Freuds Namen mit Marx in Verbindung brachten und ihre Bücher zusammen ins Feuer warfen.

All diesen Denkern und Revolutionären waren bestimmte philosophische Prinzipien gemein. Auch wenn ihre Denkansätze sich natürlich von Jahrhundert zu Jahrhundert und von Generation zu Generation verändern, so sind sie doch alle, von Spinoza bis Freud, Deterministen. Sie behaupten also alle, daß die Welt von inneren Gesetzen beherrscht und von Gesetzmäßigkeiten regiert wird. Sie betrachten die Wirklichkeit nicht als ein buntes Durcheinander von Zufällen und die Geschichte nicht als eine Mixtur aus Launen und Grillen der Herrschenden. Nichts ist zufällig, so lehrt uns Freud, nichts in unseren Träumen, in unseren Torheiten und selbst in unseren Versprechern nichts. Die Entwicklungsgesetze, sagt Trotzki, »brechen sich« in den Zufällen, und damit befindet er sich ganz in der Nähe von Spinoza.

Sie sind deshalb alle Deterministen, weil sie viele Gesellschaften beobachtet, viele Lebensformen aus nächster Nähe studiert haben und von daher auch die fundamentalen Lebensgesetze begreifen. Ihre Denkweise ist dialektisch, weil sie an den Grenzen zwischen Nationen und Religionen gelebt haben und von daher die Gesellschaft in einem ständigen Wandel begriffen sahen. Sie verstanden die Wirklichkeit als etwas Dynamisches, nicht als etwas Statisches. Wer in einer einzigen Gesellschaft, in einer einzigen Nation oder Religion eingepfercht lebt, neigt zu der Vorstellung, die eigenen Lebens- und Denkgewohnheiten seien absolut und unwandelbar gültig, und alles, was den eigenen Normen widerspricht, sei irgendwie »unnatürlich«, minderwertig oder von Übel. Dagegen kann, wer an den Grenzen zwischen verschiedenen Kulturen lebt, den großen Entwicklungsverlauf und die enormen Widersprüche in der Natur und der Gesellschaft sehr viel klarer erfassen.

Alle diese Denker stimmen darin überein, daß moralische Maßstäbe relativ sind. Keiner von ihnen glaubt an das absolut Gute oder absolut Böse. Alle haben sie Gemeinschaften beobachtet, die unterschiedlichen moralischen Maßstäben und ethischen Werten verpflichtet waren. Was der römisch-katholischen Inquisition, unter der Spinozas Großeltern gelebt hatten, als gut galt, erschien den Juden als böse, und was die Rabbiner und Gemeindeältesten von Amsterdam für gut erachteten, das hielt Spinoza wiederum für böse. Heine und Marx erfuhren in ihrer Jugend den ungeheuren Zusammenstoß der Moral der Französischen Revolution mit der Moral des feudalen Deutschland.

Fast alle diese Denker teilen noch eine weitere große philosophische Idee, daß nämlich Wissen, um wirklich zu sein, tätig werden muß. Dies hat zugleich Auswirkungen auf ihre ethischen Anschauungen. Wenn Wissen untrennbar ist von der Aktion oder Praxis, die selbst schon ihrer Natur nach relativ und widerspruchsvoll ist, dann ist die Moral, das Wissen um Gut und Böse, auch von der Praxis nicht zu trennen und folglich auch relativ und widersprüchlich. Spinoza sagt: »Sein heißt tun, und Wissen heißt tun.« Von hier war es nur noch ein Schritt bis zur These von Marx: »Die Philosophen haben die Welt nur verschieden *interpretiert*, es kommt aber darauf an, sie zu *verändern.*«

Schließlich haben sie alle, von Spinoza bis Freud, an die endgültige Solidarität der Menschen geglaubt, und ihre Einstellung zum Judentum war von dieser Hoffnung getragen. Heute können wir auf diese Menschheitsgläubigen nurmehr durch den blutigen Schleier unserer Zeit zurückblicken. Wir blicken auf sie zurück durch den Rauch der Gaskammern, den kein Wind aus unserer Sicht verwehen kann. Im Innersten waren diese »nichtjüdischen Juden« stets Optimisten, und ihr Optimismus hat eine Höhe erreicht, die heutzutage nur schwer zu erklimmen ist. Sie haben sich nicht träumen lassen, daß das »zivilisierte« Europa im zwanzigsten Jahrhundert so tief in die Barbarei versinken könnte und das bloße Wort von der »Solidarität aller Menschen« in den Ohren der Juden wie perverser Hohn klingen würde. Allein Heine hatte davon die Vorahnung des Dichters, als er Europa zur Wachsamkeit vor der bevorstehenden wilden Jagd der alten germanischen Götter aufrief, die wieder »aus dem teutschen Urwalde«[10] hervorbrechen würden, oder als er das Schicksal der modernen Juden beklagte, ein Schicksal, dessen Tragik weder ausgedrückt noch begriffen werden könne: »und schrieb man über dieses Tragische, so wird man noch ausgelacht – das ist das Allertragischste«.

Bei Spinoza oder Marx findet man diese Vorahnung nicht. Die Erfahrung des Nazismus hat Freud im hohen Alter zutiefst erschüttert. Für Trotzki war es ein Schock, daß Stalin antisemitische Anspielungen gegen ihn benutzte. Als junger Mann hatte Trotzki in äußerst kategorischen Formulierungen die Forderung nach jüdischer »kultureller Autonomie« zurückgewiesen, wie sie 1908 vom *Bund*, der Jüdischen Sozialistischen Partei, erhoben worden war. Er tat dies im Namen der Solidarität von Juden und Nichtjuden im sozialistischen Lager. Fast ein Vierteljahrhundert später, als Trotzki im Verlauf seines ungleichen Kampfes mit Stalin die Moskauer Parteizellen besuchte, um seine Ansichten darzulegen, begegnete er bösartigen Anspielungen auf seine jüdische Herkunft, ja sogar platten antisemitischen Verleumdungen. Solche Unterstellungen und Beleidigungen kamen von Parteimitgliedern, die er, gemeinsam mit Lenin, in der Revolution und im

Bürgerkrieg angeleitet hatte. Ein weiteres Vierteljahrhundert später – nach Auschwitz, Majdanek und Belsen – nahm Stalin noch einmal, nun aber viel offener und drohender, zu antisemitischen Verleumdungen und Beschimpfungen Zuflucht.

Es ist eine unbezweifelbare Tatsache, daß das Massaker der Nazis an sechs Millionen europäischer Juden bei den europäischen Nationen keinerlei tieferen Eindruck hinterlassen hat. Es hat ihr Gewissen nicht wirklich aufgerüttelt. Es hat sie vielmehr fast kalt gelassen. Kann man nach alledem immer noch meinen, der von den großen jüdischen Revolutionären geäußerte optimistische Glaube an die Menschheit sei gerechtfertigt? Können wir immer noch ihren Glauben an die Zukunft der Zivilisation teilen?

Ich gebe zu, es wäre schwierig, ja vielleicht unmöglich, diese Fragen von einem ausschließlich jüdischen Standpunkt aus zu beantworten und dennoch eine positive Antwort zu formulieren. Ich selbst kann dieses Problem nicht unter einem besonderen jüdischen Blickwinkel angehen, und meine Antwort lautet deshalb: Ja, ihr Glaube war gerechtfertigt. Er war es in jedem Fall, denn der Glaube an die endgültige Solidarität aller Menschen ist selbst eine der notwendigen Bedingungen, um die Menschheit zu erhalten und um unsere Zivilisation vom Bodensatz der Barbarei zu befreien, der noch immer fortwirkt und sie noch immer vergiftet.

Aber warum hat das Schicksal der europäischen Juden die europäischen Nationen, ja die gesamte nichtjüdische Welt im Grunde kalt gelassen? Leider hatte Marx in seiner Darstellung der gesellschaftlichen Situation der europäischen Juden weit mehr recht, als wir bislang annehmen konnten. Die eigentliche jüdische Tragödie bestand darin, daß die europäischen Massen, als Ergebnis einer langen historischen Entwicklung, sich daran gewöhnt hatten, den Juden vor allem mit

Handel, Börsenspekulation, Geldverleih und Gelderwerb zu identifizieren. Zum Symbol und Synonym für diese Dinge wurde im volkstümlichen Denken der Jude. Man greife zum *Oxford English Dictionary*, wo die anerkannte Bedeutung des Begriffs »Jude« folgendermaßen wiedergegeben wird: erstens – »eine Person der hebräischen Rasse«; zweitens – in der Umgangssprache – »einer, der erpresserischen Wucher, harte Geschäfte betreibt«. In der Alltagssprache wird der Begriff auch als transitives Verb gebraucht: »to jew« bedeutet nach dem *Oxford Dictionary*: »betrügen, übervorteilen«.

So sieht die gewöhnliche Vorstellung vom Juden und das geläufige Vorurteil gegen ihn aus, wie es in vielen Sprachen, nicht nur im Englischen, fixiert ist und wie es in vielen Kunstwerken, nicht nur im *Kaufmann von Venedig*, auftaucht.

Aber nicht nur die gewöhnliche Vorstellung sieht so aus. Man erinnere sich, aus welchem Anlaß und in welcher Weise Macaulay[11] für die politische Gleichheit von Juden und Nichtjuden eingetreten ist und für das Recht der Juden, dem Unterhaus anzugehören. Der Anlaß war die Zulassung eines Rothschild zum Unterhaus, also des ersten Juden im Parlament überhaupt, eines Juden, der gewählter Abgeordneter für die City of London war. Und Macaulays Argumentation war: Wenn wir dem Juden schon gestatten, unsere finanziellen Angelegenheiten zu besorgen, warum sollten wir ihm dann nicht auch gestatten, hier unter uns im Parlament zu sitzen und bei der Regelung aller unserer öffentlichen Angelegenheiten mitzusprechen? Das war die Stimme des bourgeoisen Christen, der Shylock jetzt mit neuen Augen ansah und ihn als Bruder willkommen hieß.

Die Tatsache, die es den Juden ermöglicht hat, als eine gesonderte Gemeinschaft zu überleben, nämlich, daß sie innerhalb der Naturalwirtschaft die Marktwirtschaft repräsentierten, genau diese Tatsache und die verbreitete Erinnerung daran sind in meinen Augen, wenigstens teilweise, für die *Schadenfreude*[12] und die Gleichgültigkeit verantwortlich, mit der die Bevölkerung Europas den Massenmord an den Juden mit angesehen hat. Es ist das Unglück der Juden gewesen, daß die europäischen Nationen, zumindest in der ersten Hälfte dieses Jahrhunderts, nur eine sehr oberflächliche Wendung gegen den Kapitalismus vollzogen haben. Sie haben den Kapitalismus nicht im Kern angegriffen, also weder seine Produktionsverhältnisse noch sein Gefüge von Eigentum und Arbeit. Sie wandten sich nur gegen seine äußerlichen, weithin archaischen Begleiterscheinungen, die in der Tat sehr oft jüdisch waren. Genau hier liegt die Crux der jüdischen Tragödie. Der niedergehende Kapitalismus hat sich selbst überlebt und die Menschheit moralisch hinabgezerrt; wir, die Juden, haben die Zeche bezahlt und müssen sie vielleicht auch weiterhin bezahlen.

All das hat die Juden dazu getrieben, einen eigenen Staat als den Ausweg zu betrachten. Die meisten großen Revolutionäre, von denen hier die Rede war, haben die schließliche Lösung der Probleme ihrer und unserer Zeit nicht in einzelnen Nationalstaaten gesehen, sondern in einer internationalen Gesellschaft. Als Juden waren sie die natürlichen Pioniere einer solchen Idee, denn wem lag es näher, die internationale Gesellschaft der Gleichen zu verkünden, als denjenigen Juden, die sich von jeglicher jüdischen und nichtjüdischen Orthodoxie und vom Nationalismus freigemacht hatten?

Der Niedergang des bürgerlichen Europa hat die Juden jedoch gezwungen, ihr Heil im Nationalstaat zu suchen. Auf diese paradoxe Weise vollendet sich die jüdische Tragödie. Paradox, weil wir in einer Zeit leben, die den Nationalstaat immer mehr zum Anachronismus macht, zu einer überholten Erscheinung – nicht nur den israelischen Nationalstaat, sondern auch Nationalstaaten wie Rußland, die Vereinigten Staaten, England, Frankreich, Deutschland und andere. Sie alle sind Anachronismen. Ist das nicht schon deutlich sichtbar? Liegt es nicht offen zutage, daß in einer Zeit, in der die Atomenergie die Erde immer kleiner werden läßt, in der sich der Mensch zur interplanetarischen Reise anschickt und ein Sputnik in einer Minute oder gar in Sekunden über das Territorium eines großen Nationalstaats hinwegfliegt, daß in einer solchen Zeit die Technologie den Nationalstaat so lächerlich überholt erscheinen läßt, wie es die kleinen mittelalterlichen Fürstentümer im Zeitalter der Dampfmaschine waren?

Selbst jene jungen Nationalstaaten, die aus dem notwendigen und fortschrittlichen Emanzipationskampf der kolonialen und halbkolonialen Völker hervorgegangen sind – Indien, Burma, Ghana, Algerien und andere –, können ihren fortschrittlichen Charakter nur begrenzte Zeit erhalten. Sie stellen in der Geschichte mancher Völker eine notwendige Stufe dar, aber eine Stufe, die auch diese Völker werden überwinden müssen, um für ihre weitere Existenz einen größeren Rahmen zu entwickeln. In unserer Epoche ist jeder Nationalstaat bald nach seiner Entstehung dem Niedergang dieser politischen Organisationsform ausgesetzt. Davon zeugt bereits die kurze Geschichte Indiens, Ghanas und Israels.

Die Welt hat die Juden genau in der Zeit gezwungen, einen Nationalstaat anzustreben und Stolz und Hoffnung auf ihn zu setzen, da ein Nationalstaat wenig oder keine Hoffnung mehr geben kann. Dafür kann man nicht die Juden verantwortlich machen, man muß vielmehr die Welt dafür verantwortlich machen. Aber die Juden sollten sich wenigstens über dieses Paradoxon im klaren sein und sich bewußt machen, daß ihre heftige Begeisterung für »nationale Souveränität« historisch überholt ist. Die Vorzüge des Nationalstaats haben ihnen in den Jahrhunderten nichts gebracht, als dieser noch ein Mittel des Fortschritts für die Menschheit und ein bedeutender revolutionärer und einigender Faktor im historischen Prozeß war. Sie haben erst dann von ihm Besitz ergriffen, als er schon ein Faktor der Uneinigkeit und der sozialen Desintegration geworden war. Deshalb hoffe ich, daß sich die Juden, zusammen mit anderen Nationen, schließlich doch bewußt werden – oder das Bewußtsein zurückgewinnen –, wie unangemessen der Nationalstaat ist, und daß sie den Weg zu dem politischen und moralischen Vermächtnis zurückfinden, das uns die größten jüdischen Denker hinterlassen haben, die über ihr Judentum hinausgelangt sind – die Botschaft der universellen menschlichen Emanzipation.

Wer ist Jude?

Angesichts der Tatsache, daß die Frage »Wer ist Jude?« überhaupt gestellt werden kann, beschleicht mich das unbehagliche Gefühl, ein bereits aus vielen modernen Romanen – von Kafka bis Nigel Denis – vertrautes Thema aufzugreifen: verlorene oder gar für immer unauffindbare Personalpapiere.

Wo so viele Intellektuelle die Rituale und Tabus, die Gebote und Verbote jedweder Religion ablehnen, wie kann man da von einem jüdischen Intellektuellen erwarten, daß er sich mit den geltenden archaischen und orthodoxen jüdischen Sitten und Gebräuchen identifiziert? Vor ungefähr dreißig Jahren hätte ich die Frage: »Was macht die Identität eines Juden, eines jüdischen Intellektuellen, aus?« für völlig irrelevant gehalten, und teilweise bin ich noch heute dieser Ansicht. Man kann nicht einfach nach der Identität eines abstrakten jüdischen Intellektuellen fragen, und es bringt auch nichts, so von ihm zu sprechen, als sei er die Manifestation jenes großen EGO (in Großbuchstaben), das in einer Art Vakuum jüdischer Ewigkeit existierte. Die Identität des jüdischen Intellektuellen – nun gut, aber in was für einer Welt, in welcher Umgebung und in welcher Beziehung zu den Problemen unserer Zeit? Nur so kann man meiner Meinung nach, wenn überhaupt, die Frage stellen.

Es ist zu weltfremd und auch müßig, sich einzig und allein mit dem Solipsismus des jüdischen Intellektuellen zu befassen, der versucht, sich ohne Bezug zur Außenwelt zu definieren und ohne Bezug zu den Antagonismen, die diese Umwelt und die ganze Menschheit zerreißen. Wenn wir uns aber mit der Lage der Juden in der Gesellschaft befassen, müssen wir uns sofort darüber klar werden, von welchem Juden und von welcher Gesellschaft wir ausgehen. Von den Juden in der amerikanischen oder in der sowjetischen Gesellschaft? Von den Juden in England? In Deutschland oder in Israel? In jeder dieser Gesellschaften sieht die Stellung der Juden anders aus. Welcher gemeinsame Nenner bestimmt also unter so unterschiedlichen Voraussetzungen die Einstellungen, Rollen und Funktionen der Juden?

Von größter Bedeutung und bezeichnend für unsere Epoche ist die Tatsache, daß ein Jude sich heute mehr als je zuvor gedrängt fühlt, seine Stellung gegenüber seiner nichtjüdischen Umwelt zu definieren. Er weiß, daß sich seine Rolle qualitativ von der Rolle etwa des irischen Intellektuellen in den Vereinigten Staaten unterscheidet. Ist Präsident Kennedy etwa seine Identität als irischer Intellektueller jemals zum Problem geworden? Doch gerade der Jude in Amerika ist sich immer bewußt – und zwar auf schmerzliche Weise –, daß es dort einen ungeheuren Unterschied zwischen seiner Stellung und der eines Iren gibt. Er fühlt sich in der Großen Demokratie gewissermaßen als »der andere« Neger: als ein weißer Neger. Und wie oft hält er sich dafür schadlos an den Schwarzen: In den Südstaaten gehören die Juden häufig zu den fanatischen Verteidigern der weißen Vorherrschaft. In diesem Gewirr aus Emotionen, Ängsten, Vorurteilen und Rassendünkel kann man nur schwer seine Identität ausmachen, und es wird beinahe unmöglich, für die ganze komplizierte Situation eine befriedigende Erklärung zu finden.

Vor etwa dreißig oder fünfunddreißig Jahren sah der jüdische Intellektuelle, glaube ich, keine Veranlassung, seine Rolle und seine Identität zu definieren. Nehmen wir meinen eigenen Fall: Ich selbst hätte eine derartige Frage gar nicht diskutiert. Nicht, weil ich etwa keine Wurzeln in der jüdischen Tradition hätte. Im Gegenteil, ich bin in einer jüdischen Umwelt aufgewachsen und in einer streng talmudischen Schule erzogen worden. Ich habe meine Schläfenlocken und meinen langen Kaftan bis zum siebzehnten Lebensjahr getragen. Ich habe früh gegen die jüdische religiöse Orthodoxie rebelliert, aber die weltlichen Elemente der jiddischen Kultur in der Literatur und im Theater haben mich gefesselt. Ich selbst habe auch Jiddisch geschrieben und in Jiddisch zu den großen Arbeiterversammlungen gesprochen, die nicht immer unbedingt politischen Charakter hatten. Ich sehe noch die Massen vor mir, Junge, Alte, Arbeiter, Handwerker und Paupers, die an den Abenden zusammenkamen, um sich den Vortrag von Gedichten und die Lesung von Dramen anzuhören. Sie kamen oft in ihrer Arbeitskleidung und applaudierten Peretz Markisch oder Itzik Manger, die Gedichte rezitierten, Joseph Opatoshu oder J. N. Weißenberg, die Prosa vortrugen, und H. D. Nomburg, der Gedenkabende für die jiddischen Schriftsteller der Vergangenheit veranstaltete. Nirgendwo auf der Welt, außer vielleicht heutzutage in Moskau, lauschten die Menschen ihren Schriftstellern so gebannt wie die jüdischen Arbeiter in Warschau und in den polnisch-litauischen Provinzen. Hier bildete sich so etwas wie ein neues jüdisches kulturelles Bewußtsein heraus, und zwar durch einen scharfen Bruch mit dem religiösen Bewußtsein.

Von dieser Zeit an habe ich meine besten Jahre, meine politisch aktiven Jahre, unter den jüdischen Arbeitern verbracht. Ich schrieb in Polnisch und Jiddisch, und ich spürte, wie meine Identität in der Arbeiterbewegung Osteuropas im allgemeinen und Polens im besonderen aufging. Als Marxisten versuchten wir, eine eigenständige Identität der jüdischen Arbeiterbewegung theoretisch zu leugnen, aber dennoch besaß sie eine. Es war ganz offensichtlich, daß der Intellektuelle in dieser jüdischen Arbeiterbewegung seine Rolle gefunden hatte und sich nicht mehr die Mühe machen mußte, diese eigens zu definieren. Diese jüdische Arbeiterklasse Osteuropas brachte eine Blütezeit der jiddischen Literatur hervor. Diese kraftvolle und lebendige Sprache, die sich ständig erneuerte und bereicherte, wurde dann fast über Nacht zu einer toten Sprache. Jüdische Schriftsteller und Dichter waren in dieser Arbeiterbewegung verankert, die wir wie Atlantis ins Nichts haben versinken sehen.

Wir alle wissen, wie abstoßend so manches jüdische Milieu im Westen ist – dort hat man nichts außer ein paar Tabus und einer Menge Geld aufzuweisen. In unserer Umgebung damals war es genau umgekehrt: kein Geld, keine Tabus, dafür Hoffnungen, Ideen und Ideale im Überfluß. Für die *Jehudim*[1] des Westens hatten wir nur gründliche Verachtung übrig. Unsere Genossen waren da aus anderem Holz geschnitzt.

Ende der dreißiger Jahre hatte ich Gelegenheit, in engem politischen Kontakt mit einem Mann zu arbeiten, der fast zwanzig Jahre älter war als ich. Er war in ärmsten Verhältnissen geboren, unter dem schlimmsten Lumpenproletariat und Gesindel der Stadt, also am untersten Ende der sozialen Stufenleiter aufgewachsen und bis zum siebzehnten Lebensjahr des Lesens und Schreibens unkundig. Als ich ihn kennenlernte, war er einer der gebildetsten Intellektuellen aus der Arbeiterklasse, denen ich jemals begegnet bin. Wo er lesen gelernt hatte, habe ich nie erfahren. Aber in den Gefängniszellen des zaristischen Rußlands und des Polens Pilsudskis, in den Kursen der Leninisten in Moskau und in den Diskussionszirkeln der revolutionären Untergrundbewegung hat er rastlos und begierig alles in sich aufgenommen, was die Weltliteratur und die klassische sozialistische

Literatur zu bieten hatten. Diesem Kind der schrecklichsten jüdischen Armut bedeutete ein Krumen Wissen immer weit mehr als ein Kanten Brot. Wie ein Blitz leuchtete die erste russische Revolution von 1905 seinen Horizont aus; und in deren Licht las er – innerhalb wie außerhalb des Kerkers – die Werke von Marx, Engels und Kautsky; er las die Romane Tolstois, die Gedichte von Mickiewicz und die Dramen von Peretz. »Ohne die Revolution wäre ich im Morast der kriminellen Unterwelt der Smoczastraße versunken«, schreibt er in seinen Memoiren. Aber er ließ die Smoczastraße mitsamt ihren Prostituierten, Bordellen, Taschendieben und Einbrechern, ihre ganze moralische und physische Verkommenheit weit hinter sich. Er ist wahrhaftig aus dem Tal der Tränen seiner Kindheit zu den geistigen Höhen seiner Zeit emporgestiegen. Er wollte wirklich wissen, wofür er kämpfte, und er hat es herausgefunden. In der Gesellschaft, in die er hineingeboren wurde, war für ihn kein Platz – sein Leben war dazu da, sie zu verändern. Im Warschauer Bezirk Muranów gehörte er zur Vorhut der jüdischen Arbeiter: Denen war ihre Identität, einem wie dem andern, ins Gesicht geschrieben, an den Augen und den abgearbeiteten Händen abzulesen. Wir jüdischen Intellektuellen, die sich um ihr Schicksal, ihre Entwicklung und Erziehung, ihre Hoffnungen und Sehnsüchte kümmerten, wir besaßen ebenfalls unsere wohlbegründete Identität, ohne uns ausdrücklich um sie zu bemühen.

Die *Jehudim* im Westen, Bourgeois und Plutokraten, trugen *Tallis und Tefilim,* um ihrer Respektabilität und Würde Nachdruck zu verleihen. Sie mußten mit den nichtjüdischen Nachbarn mithalten, die jeden Sonntag ihr Gebetbuch zur Kirche trugen. Wir hatten unsere Würde, aber wir brauchten kein großes Aufheben davon zu machen. Wir kannten den Talmud und waren durchtränkt vom Chassidismus. Seine

Idealisierungen empfanden wir nurmehr als Sand, der uns in die Augen gestreut worden war. Wir waren in der jüdischen Vergangenheit aufgewachsen. Wir lebten mit dem elften, dem dreizehnten und dem sechzehnten Jahrhundert jüdischer Geschichte Tür an Tür, ja, unter einem Dach. Dem wollten wir entfliehen, um im zwanzigsten Jahrhundert zu leben. Durch die ganze dicke Lack- und Goldschicht von Romantikern wie Martin Buber hindurch sahen und rochen wir den Obskurantismus unserer archaischen Religion und eine Lebensweise, die sich seit dem Mittelalter nicht verändert hatte. Für jemand wie mich erscheint jedenfalls die modische Sehnsucht der westlichen Juden nach einer Rückkehr ins sechzehnte Jahrhundert, durch die man seine jüdische kulturelle Identität wiederzugewinnen oder neu zu entdecken hofft, irreal und kafkaesk.

Nach diesen persönlichen Erinnerungen nun zu allgemeineren Problemen: Wenn man die Frage nach der jüdischen Identität stellt, geht man schon von der Voraussetzung einer positiv gegebenen Identität aus. Sind wir zu einer derartigen Annahme überhaupt berechtigt? Ist das jüdische Bewußtsein denn in dieser Epoche nicht vornehmlich ein Reflex auf den Druck des Antisemitismus? Hätte sich der Antisemitismus nicht als so schrecklich tief verwurzelt, dauerhaft und mächtig im christlich-europäischen Kulturkreis erwiesen, hätten die Juden kaum bis in unsere Tage als gesonderte Gemeinschaft überlebt – denn sie wären vollständig assimiliert worden. Es ist die feindselige nichtjüdische Umwelt, die das Judentum permanent aufs neue erzeugt und ihm immer neue Lebenskraft verliehen hat. Vor dreihundert Jahren fand Spinoza nichts Außergewöhnliches an der Tatsache, daß die Juden ihre Zerstreuung und den Verlust ihres Staates so lange überlebt hatten. Sie haben, nach Spinoza, »universellen Haß auf sich gezogen, indem sie sich von allen anderen Völkern vollständig abgekapselt haben«.[2]

Er führt ihr Überleben weitgehend auf die feindliche Einstellung der Nichtjuden zurück und erinnert daran, daß der König von Spanien die Juden gezwungen hatte, entweder die Religion seines Reiches anzunehmen oder auszuwandern; in großer Zahl traten sie zum römischen Katholizismus über und erhielten daraufhin dieselben Rechte und Anerkennungen wie die anderen Bürger. Bald identifizierten sie sich mit den Spaniern und verschmolzen nach einigen Jahren mit der einheimischen Bevölkerung. Das Gegenteil vollzog sich in Portugal. Als Manuel I. die Juden zur Annahme seiner Religion zwang, wurden sie zwar »bekehrt«, ihnen aber nach wie vor die gesellschaftliche Achtung verweigert, und deshalb lebten sie weiterhin außerhalb der portugiesischen Gemeinschaft. Man mag einwenden, solche negativen Emotionen könnten doch nur durch einen positiv definierten Charakter, eine positiv definierte Identität geweckt werden. Dennoch war diese »positiv definierte Identität« schon seit einiger Zeit, ungefähr seit der Jahrhundertwende, in Auflösung begriffen. Gerade aus dem Protest gegen jene Zersetzung entstand ja der Zionismus, während der europäische Sozialismus die Assimilation der Juden in der Regel gebilligt und ermutigt hat, und zwar als Bestandteil einer umfassenden fortschrittlichen Bewegung, derzufolge die moderne Gesellschaft ihre partikularistischen und nationalistischen Traditionen schließlich abschütteln würde.

Viele Jahrhunderte hindurch wurzelte das positive Element der jüdischen Identität in der außergewöhnlichen Rolle, welche die Juden in der europäischen Gesellschaft spielten. Im Feudalismus und im Frühkapitalismus standen sie als

Vertreter der Geldwirtschaft und ihrer Begriffe Menschen gegenüber, deren Denkweise der Naturalwirtschaft verhaftet war. Es war kein Zufall, daß der Jude im christlichen Denken durch Figuren wie Shylock oder Fagin symbolisiert wurde, die in der Weltliteratur in vielen Versionen und Schattierungen auftreten. Es war auch keineswegs die Böswilligkeit eines »Getauften« (*meshumad*), die Marx feststellen ließ, der wirkliche Gott der Juden sei das Geld. Für ihn war das keine moralische Verurteilung des Judentums, sondern eine Tatsachenbehauptung über die besondere Funktion der Juden in der christlichen Gesellschaft. Denn er setzte hinzu, je kapitalistischer die christliche Gesellschaft geworden sei, desto mehr sei sie zugleich »judaisiert« worden. Er war der festen Überzeugung, daß in dem Maße, wie sich die europäische Gesellschaft vom Kapitalismus zum Sozialismus fortentwickelte, der Christ wie der Jude aufhören würden, »jüdisch« oder »christlich« zu sein. Und zu Marx' Lebzeiten, der Zeit der Assimilation, war die jüdische Identität – zumindest in Westeuropa – in der Tat schon im Schwinden begriffen.

Für mich machen die tragischen Ereignisse der Nazizeit die klassische marxistische Analyse der Judenfrage weder hinfällig noch revisionsbedürftig. Selbstverständlich konnte der klassische Marxismus niemals mit so etwas wie der »Endlösung« der Nazis oder den schwerwiegenden Komplikationen in der stalinistischen und nachstalinistischen Periode in der Sowjetunion rechnen. Der klassische Marxismus ging ganz allgemein von einer gesünderen und normaleren Entwicklung unserer Zivilisation aus, d.h. von einer rechtzeitigen Transformation der kapitalistischen Gesellschaft in eine sozialistische. Er rechnete nicht mit dem zähen Überleben des Kapitalismus und seinen verderblichen Auswirkungen auf unsere gesamte Zivilisation. Trotzdem haben Marx,

Engels, Rosa Luxemburg und Trotzki wiederholt betont, die Menschheit stehe vor der Alternative: internationaler Sozialismus oder Barbarei – *tertium non datur*. Wahrscheinlich haben sie damals selbst nicht gewußt, wie recht sie damit hatten und wie real die Alternative war. Auf keinen Fall konnten sie vorhersehen, in welch abgrundtiefe Barbarei die Menschheit versinken würde, wenn sie nicht zum Sozialismus fortschreiten würde.

Der Nazismus war nichts anderes als die Selbstverteidigung der alten Ordnung gegen den Kommunismus. Die Nazis spürten selbst, daß genau darin ihre Aufgabe bestand, und die ganze deutsche Gesellschaft sah sie in dieser Rolle. Das europäische Judentum hat den Preis für das Überleben des Kapitalismus und für seine erfolgreiche Selbstverteidigung gegenüber einer sozialistischen Revolution bezahlt. Diese Tatsache erfordert sicher keine Revision der klassischen marxistischen Analyse – sie bestätigt sie eher. Ein Arzt, der es mit einer besonders bösartigen Krebsart zu tun bekommt, würde es deshalb kaum für notwendig oder gerechtfertigt halten, die Medizin zu revidieren. Das Schicksal der Juden macht meine marxistische Überzeugung nicht schwächer, es bestärkt mich vielmehr in meiner marxistischen *Weltanschauung*.[3]

Als Methode und materialistische Geschichtsauffassung zielt der Marxismus auf die Analyse der gesellschaftsbildenden Kräfte ab. Wer von dieser Methode Gebrauch machte, konnte eine – im Fall von Trotzki außergewöhnlich visionäre – Vorahnung von der Barbarei gewinnen, die Europa zu verschlingen drohte. Aber das ganze Ausmaß des Grauens, des unmenschlichen und pathologischen Charakters von Theorie und Praxis der Nazis, entzog sich jeder normalen und gesunden menschlichen Vorstellung.

Es ist auf tragische und makabre Weise wahr: Den größten Beitrag zur Wiederbestimmung der jüdischen Identität hat Hitler geleistet, und darin besteht einer seiner bescheidenen nachträglichen Triumphe. Auschwitz wurde zur schrecklichen Wiege eines neuen jüdischen Bewußtseins und einer neuen jüdischen Nation. Wir, die wir die religiöse Tradition abgelehnt haben, gehören jetzt zur negativen Gemeinschaft derer, die so oft in der Geschichte und gerade in jüngster Zeit auf so tragische Weise zur Verfolgung und Ausrottung ausgesondert wurden. Diejenigen, die ihr Judesein in seiner Kontinuität immer betont haben, kommt es freilich hart und bitter an, sich vorzustellen, die Vernichtung von sechs Millionen Juden habe dem Judentum zu einem derart neuen Leben verholfen. Mir wäre lieber gewesen, die sechs Millionen Männer, Frauen und Kinder hätten überlebt, und das Judentum wäre dafür untergegangen. Erst aus der Asche von sechs Millionen Juden stieg der Phönix des Judentums empor. Welche Auferstehung!

Und nun ruft diese neue, auf tragische Weise wiedererweckte Identität nach ihrer Bestimmung, nach ihrem Platz in der von der jüngsten Vergangenheit erschütterten Wirklichkeit. Diese verzweifelte Anstrengung bleibt fruchtlos, solange sie von einer alljüdischen Sichtweise ausgeht.

Denn wer begibt sich da eigentlich *à la recherche de son identité juive*: Sir Isaac Wolfson oder Mendès-France? Ben Gurion oder Lasar Kaganowitsch?[4] Der Oberrabbiner von Großbritannien oder jemand wie ich?

Um es wiederum persönlich zu formulieren: Für mich ist die jüdische Gemeinschaft nach wie vor nur negativ bestimmt. Ich habe nichts gemein mit den Juden, sagen wir, von *Mea Schearim*[5] oder mit all den israelischen Nationalisten. Mich ziehen die linksstehenden Marxisten in Israel an, aber genau so eng verbunden fühle ich mich gleichgesinnten Menschen in Frankreich, Italien, England und Japan, wie auch den Massen in Amerika, zu denen ich in Washington und San Francisco auf riesigen Protestversammlungen gegen den Vietnamkrieg gesprochen habe. Und jetzt sollen wir die Vorstellung akzeptieren, daß ausgerechnet rassische Merkmale oder »Blutsbande« die jüdische Gemeinschaft ausmachen? Wäre nicht genau das noch ein weiterer Triumph für Hitler und seine verkommene Philosophie?

Wenn nicht die Rasse, was macht dann einen Juden aus? Religion? Ich bin Atheist. Jüdischer Nationalismus? Ich bin Internationalist. Nach keiner dieser Bedeutungen bin ich daher Jude. Wohl aber bin ich Jude kraft meiner unbedingten Solidarität mit den Verfolgten und Ausgerotteten. Ich bin Jude, weil ich die jüdische Tragödie als meine eigene empfinde; weil ich den Pulsschlag der jüdischen Geschichte spüre; weil ich mit allen Kräften dazu beitragen möchte, etwas für die wirkliche und nicht die trügerische Sicherheit und Selbstachtung der Juden zu tun.

Die Unterschiede in bezug auf Herkunft, Lebensbedingungen und *Weltanschauung,*[6] die etwa Sir Isaac Wolfson oder den Oberrabbiner von Großbritannien von mir und meinem Freund aus dem Warschauer Bezirk Muranów trennen (dessen Porträt ich oben mit Bedacht skizziert habe), unterstreichen die Ungereimtheit eines bloß jüdischen Herangehens an das Problem, das uns hier beschäftigt. Die Definition eines Juden ist eben deshalb so trügerisch, weil die Juden in der Diaspora so ungeheuer vielfältigen Pressionen und Einflüssen ausgesetzt waren und eine entsprechende Vielfalt von Mitteln herausgebildet haben, um sich gegen Feindseligkeit und Verfolgung zu verteidigen. So würde zweifellos mein eigenes Engagement für die Probleme der Juden im Vorkriegspolen von allen Gemeinden der Synagogen von New York, Paris und London als subversiv, ketzerisch und zutiefst unjüdisch angesehen werden.

Von der »jüdischen Gemeinschaft« zu sprechen, als wäre sie eine allumfassende Einheit, ist also sinnlos, zumal für einen Marxisten. Ein Marxist betrachtet alle Gesellschaften in erster Linie unter dem Gesichtspunkt ihrer verschiedenen Klassen. Die »jüdische Gemeinschaft« besteht nun aber nicht nur selbst aus antagonistischen Klassen, sondern sie hat sich gewissermaßen auch geographisch aufgespalten. Die einheimische Kulturtradition eines jeden Landes, in dem die Juden als Minorität lebten, hat ganz unterschiedlich auf sie eingewirkt und ihre Denkweisen geprägt. (So haben sich die Spannungen und Animositäten zwischen deutschen und osteuropäischen Juden beharrlich gehalten und sind noch heute in Israel Gegenstand von unzähligen boshaften Witzen.)

In Osteuropa war das weltliche jiddische Kulturleben untrennbar mit der Arbeiterbewegung verbunden. Dieses Leben und diese Bewegung können nicht zu neuem Leben erweckt werden. Seine versprengten Reste in den Vereinigten Staaten und anderswo schwinden sicher unaufhaltsam dahin. Natürlich kann man Jiddisch wie jede andere abgeschlossene Tradition pflegen. Ich erinnere mich, wie ich vor ungefähr vierzig Jahren diese Frage mit Moshe Nadir, einem großen Meister der jiddischen Sprache, dazu einem Meister paradoxer Formulierungen, diskutierte. Damals hat man bereits die Überlebens- und Entwicklungschancen des Jiddischen in Amerika diskutiert. Nadir war skeptisch und meinte: »Ich glaube nicht, daß Jiddisch überleben wird; aber mir macht das nichts aus. Wenn unsere Sprache ausstirbt, dann werden wir jiddischen Schriftsteller gelesen und studiert wie die Meister jeder anderen toten Literatur – der griechischen oder der lateinischen. Wir werden zu Klassikern. Die künftigen Generationen werden meine Satiren so lesen wie wir heute Horaz oder Ovid.«

Nadirs pointiertes Diktum wurde viel früher und auf eine viel schrecklichere Weise wahr, als er es sich hätte vorstellen können. Trotz seiner offenen oder gespielten Indifferenz gegenüber dem Schicksal seiner Sprache hätte Nadir alles getan, um englischsprachige Leser am Wohlgeschmack der jiddischen Dichtung und Prosa teilhaben zu lassen und ihnen die Reichtümer des jiddischen literarischen Erbes zu erschließen. Aber er war sich bewußt, daß, wie verständig, einfühlsam und liebevoll diese Versuche auch sein mochten, sie immer etwas von archäologischer Forschung an sich haben würden, daß sie gleichsam eine Arbeit darstellten, die doch nur restaurieren und allenfalls Bruchstücke eines kolossalen Pompeji vorzeigen konnte. Zwar sprechen Tausende und Zehntausende Juden noch immer Jiddisch, aber für das Wachstum einer lebendigen Literatur und Kultur ist das eine zu schmale Basis.

Die Überreste der Juden sind über die ganze Welt verstreut, und manche ihrer weltlichen Traditionen finden in anderen Sprachen ihren Ausdruck. Das jüdische Element ist etwa im modernen amerikanischen Roman in den Vordergrund getreten. Das kann aber in keinerlei Hinsicht zum Überleben der echten jüdischen Tradition beitragen. Seit langem und bis auf den heutigen Tag sind jüdische Schriftsteller der Frage nachgegangen: Ist Heine ein jüdischer Schriftsteller? Und Börne? Soll man sie als Juden betrachten oder einfach als Deutsche? Es gibt keine und es kann auch keine eindeutige Antwort darauf geben. Heine hat sich sein ganzes Leben mit seinem jüdischen Dilemma herumgeschlagen, Börne ebenfalls.

»Gestern noch ein Held gewesen/Ist man heute schon ein Schurke« – so kommentiert Heine die »Bekehrung« seines Freundes Eduard Gans[7] zum Christentum, um nicht viel später selbst in dessen Fußstapfen zu treten und mit der Taufe das »Entreebillet zur europäischen Kultur« zu erwerben. Eine Generation später lastete das Judesein offenbar nicht mehr so schwer auf deutschen Schriftstellern, wie die Beispiele Franz Werfel, Arnold Zweig, Stefan Zweig, Jakob Wassermann und die vielen anderen zeigen, die in der Vor-Nazizeit Weltruhm erlangt haben. Eine ganze Reihe polnischer Schriftsteller war jüdischer Herkunft, zum Beispiel Julian Tuwim und Antoni Slonimski, die bedeutendsten Dichter der Zwischenkriegszeit. Jüdische Motive tauchten manchmal, aber eher beiläufig in ihren Werken auf, bis dann das Massaker in den Ghettos ihrer Dichtung eine neue Dimension verlieh. Trotzdem waren sie sich ihres Judeseins niemals in so hohem Maße bewußt wie etwa Isaac Babel, der als Bolschewik im Bürgerkrieg kämpfte, der im Meer der russischen Revolution gelebt hat und darin untergegangen ist.

In Rußland hat die Tatsache der vorgeschriebenen Ansiedlungsgebiete jedes organische geistige Zusammenwachsen von Juden und Slawen unmöglich gemacht. In Polen haben die Juden im Grunde schon vor 1940 in Ghettos gelebt. Polnischer Nationalismus, Antisemitismus und katholischer Klerikalismus auf der einen, jüdischer Separatismus, Orthodoxie und Zionismus auf der anderen Seite, wirkten einer dauerhaften und fruchtbaren Symbiose entgegen. Wohlgemerkt, nicht nur die sozialistischen, sondern auch die zionistischen Theoretiker sprachen vom unproduktiven Charakter der jüdischen »Ökonomie« in der Diaspora. Ein Widerspruch zwischen den produktiven und den unproduktiven Elementen der Gesellschaft war auf keinen Fall zu vermeiden, und über diesem ökonomisch bestimmten Widerspruch baute sich durch die Jahrhunderte hindurch der mächtige Überbau ideologischer Entfremdung auf. Diese war beispielweise in Polen so stark, daß es dort niemals auch nur einen Berührungspunkt zwischen polnischer und jiddischer Literatur gegeben hat. Genauer noch: Polnische Schriftsteller, Akademiker und Pädagogen waren sich nicht einmal der Tatsache bewußt, daß Warschau Zentrum einer blühenden modernen jiddischen Literatur war, die von Juden in aller Welt (und nicht nur von ihnen) gelesen und bewundert wurde.

In Rußland war die Situation um die Jahrhundertwende komplizierter. Von der russischen Kultur ging eine gewaltige Assimilationskraft aus, vor allem aufgrund des universellen Charakters der Ideen, die sie in der Neuzeit befruchtet haben, der Ideen Tolstois, Plechanows und Lenins. Es fällt jedoch schwer, von irgendeinem spezifisch jüdischen Einfluß auf die russische Kultur zu sprechen. Die Juden haben im übrigen vor 1890 nicht die geringste Rolle in der russischen Literatur gespielt, Zugang und Bedeutung für diese Literatur gewannen sie erst mit der Revolution – das war ihr »Entreebillet« zu einer Kultur, die sie jahrhundertelang auf Distanz gehalten hatte. Isaac Babel hatte kaum einen Vorläufer, und der Jude, der es in der Revolutionsgeneration zu größter Meisterschaft in russischer Prosa gebracht hatte, hieß Leo Trotzki; doch sein Einfluß beruhte beileibe nicht darauf, daß er Jude war. In die polnische Literatur haben jüdische Themen sehr viel früher Eingang gefunden, und das jüdische Problem hat polnische Dichter und Romanciers – von Mickiewicz bis Orzeszkowa und Konopnicka – intensiv beschäftigt, bevor Polen seine Unabhängigkeit wiedererlangt hatte. Aber leider dürften der neuen polnischen Generation, die in einem Polen ohne Juden aufwächst, die jüdischen Motive in ihren

Gedichten und Romanen ziemlich exotisch und esoterisch, vielleicht sogar völlig unverständlich vorkommen.

Ist es überhaupt möglich, daß die jüdische Präsenz in Osteuropa keinerlei Spuren hinterlassen hat? Ein paar Spuren sind sicher übriggeblieben; aber ob diese langfristig mehr bedeuten als die von den Indianern in der heutigen amerikanischen Kultur hinterlassenen Spuren, das steht auf einem anderen Blatt. Für Juden unserer Generation ist es so gut wie unfaßbar, daß Mittel- und Osteuropa *judenrein*[8] geworden sind, daß also ein gesellschaftliches Element völlig ausgelöscht worden ist, das dort einst ungeheure Bedeutung hatte.

Im heutigen Israel finden wir gewissermaßen eine neue Mutation des Juden und seiner Identität vor. Das kulturelle Bewußtsein Israels ist hebräisch, historisch nährt es sich von der Bibel, dem Talmud und der mittelalterlichen Liturgie und wird damit von den Geistern der Vergangenheit getragen. Mea Schearim hat keinerlei Literatur hervorgebracht, denn für den wirklich orthodoxen Juden kommt es fast einer Blasphemie gleich, über weltliche Dinge auf Hebräisch zu schreiben. Ein junger moderner Schriftsteller mag seinen Bruch mit der religiösen Tradition und seine Unabhängigkeit von ihr noch so sehr betonen, um seine Sprache mit Leben zu erfüllen, muß er in die Vergangenheit eintauchen, denn wie das Lateinische war diese Sprache annähernd 2000 Jahre lang tot. Sie hat nur in der Theologie überlebt und läßt sich daher nicht einfach säkularisieren. Die Tradition hat ihre objektive Logik und wird zwangsläufig die neue Generation israelischer Literaten schwer belasten. Was mich betrifft, so kann ich diese neue hebräische Mutation des jüdischen Bewußtseins nicht akzeptieren und in meine Identität einbringen. Dafür bin ich zu stark von einer internationalen europäischen Tradition geprägt, von der polnischen, russischen, deutschen und englischen, vor allem aber von der marxistischen Tradition. Hebräisch gehörte zu meiner Kindheit und frühen Jugend. Damals habe ich mit dieser Sprache gebrochen und sie abgelehnt, jetzt kann ich nicht zu ihr zurückkehren.

Ein unbußfertiger Marxist, ein Atheist, ein Internationalist – in welcher Hinsicht bin ich überhaupt Jude? Was macht meine Nähe zu dieser »negativen Gemeinschaft« aus?

Paradoxerweise komme ich den Befürchtungen eines orthodoxen Juden und eines Zionisten unvermutet nahe. Ich glaube nicht, daß sich der Antisemitismus schon verausgabt hat. Eher befürchte ich, daß wir in unserem westlichen Wohlfahrtsstaat wie in einem Narrenparadies leben. Das vertrauenerweckende Gefühl, von Antisemitismus frei zu sein, kann sich sehr wohl als eine weitere, unserer »Überflußgesellschaft« entspringende Illusion erweisen: als eine besonders jüdische Illusion.

Als Trotzki sich mit dem Phänomen des Nazismus auseinandersetzte, beschrieb er ihn als den »Kehrichthaufen des internationalen politischen Denkens«, der die »intellektuellen Reichtümer des neuen germanischen Messianismus« ausmache. Er mobilisierte alle unter der dünnen Decke der »zivilisierten« Klassengesellschaft schlummernden Kräfte der Barbarbei. In einer denkwürdigen Formulierung voller Vorahnung der Gaskammern faßte Trotzki das Wesen des Nazismus folgendermaßen zusammen: »Alles, was die Gesellschaft bei normaler Entwicklung (d.h. zum Sozialismus hin) als Auswurf der Kultur von sich gewiesen hätte, das bricht jetzt aus ihrem Rachen hervor: die kapitalistische Zivilisation speit ihre unverdaute Rohheit aus ...« Ich glaube nicht, daß unsere bürgerliche Gesellschaft im Westen (und das gilt leider auch für die nachkapitalistische Gesellschaft in Rußland) es bislang fertiggebracht hat, die von Hitler verkörperte, jahrhundertealte Barbarei wirklich zu verdauen und aus ihrem System auszuscheiden. Ich habe noch im Ohr, wie die Juden am Beginn der Aufklärung, auf die allgemeine Toleranz setzend, zueinander gesagt haben: »Warum sollen wir uns weiter mit Talmud und Torah herumplagen – auf zum Tanz um die Göttin der Vernunft.« Aber gerade diese Göttin der Vernunft hat sie im Stich gelassen, war sie doch eine höchst bürgerliche Gottheit, die Schutzheilige einer Gesellschaft, die vor lauter Geldmachen (keine ausschließlich jüdische Beschäftigung!) nicht dazu kam, ihre Barbarei zu verdauen. Eine Gesellschaft also, die in jedem Augenblick akuter Gefährdung Rassismus und Nationalismus aufstachelt, die Xenophobie, den Haß auf den anderen und die Furcht vor dem Fremden. Und wer ist so fremd wie der Jude?

In diesem Altweibersommer bürgerlicher Nachkriegsprosperität dürfen wir uns nicht darauf verlassen, erneut um die Göttin der Vernunft zu tanzen, als werde sie uns diesmal nicht betrügen; sondern uns ein für allemal ihre volle Gunst erweisen. Selbst in dieser gemäßigten, sehr liberalen und hochkultivierten englischen Gesellschaft sieht man hier und da Hakenkreuze auftauchen, in den »besseren« Vierteln an die Häuserwände geschmiert. Aus eigener Erfahrung weiß ich, daß man bei der Wohnungssuche in London, in Hampstead etwa, zu hören bekommt, die Nachbarn hätten etwas gegen einen Schwarzen oder einen Juden als Mieter – man selbst sei natürlich als »Ausnahme« willkommen. Ja, unter dieser glatten Oberfläche verbirgt sich die Barbarei, nackt und roh und ständig bereit hervorzubrechen.

Man könnte den Eindruck gewinnen, die Zeit des Antisemitismus sei vorüber, da die Menschen in unserem

Wohlfahrtsstaat doch im großen und ganzen satt und zufrieden und ihre sozialen Probleme anscheinend gelöst sind. Aber wehe, diese Gesellschaft erleidet eine ihrer unvermeidlichen schweren Erschütterungen. Sollte es wieder einmal Millionen von Arbeitslosen geben, werden wir erneut dasselbe Bündnis der unteren Mittelklasse mit dem Lumpenproletariat erleben, aus dem Hitler seine Gefolgschaft rekrutierte, und das mit seinem Antisemitismus Amok lief. Solange der Nationalstaat seine Vorherrschaft durchsetzt, solange keine internationale Gesellschaft existiert und der Reichtum jeder Nation in den Händen einer nationalen kapitalistischen Oligarchie liegt, solange wird es Chauvinismus und Rassismus, die im Antisemitismus kulminieren, geben. Eben darum meine ich, daß diejenigen Intellektuellen – jüdische ebenso wie nichtjüdische –, die sich des Abgrunds der jüdischen Tragödie und ihrer drohenden Wiederholung bewußt sind, unaufhörlich zum Protest verpflichtet sind: zur ständigen Opposition gegen die herrschenden Mächte, zum Kampf gegen Tabus und Konventionen und für eine Gesellschaft, in der Nationalismus und Rassismus endlich keine Macht mehr über das menschliche Denken haben. Das ist ganz sicher kein leichter Ausweg, er kann durch Schmerzen und Verzweiflung führen, und für diejenigen, die ihn einschlagen, gibt es keine präzise formulierten Handlungsweisungen. Aber wenn wir aufhören zu protestieren, werden wir in einen bösen und gefährlichen, ja, in einen selbstmörderischen Zirkel geraten.

Wenn man das Wirken der jüdischen Intellektuellen betrachtet, die im Westen leben, dann kommt man zu ziemlich traurigen und enttäuschenden Schlußfolgerungen. An diesen jüdischen Intellektuellen des Westens fällt vor allem auf, wie außerordentlich konformistisch sie in politischer, ideologischer und sozialer Hinsicht sind. Während des Kalten

Krieges, der unser Leben nun seit über dreizehn Jahren bestimmt, taten und tun sich die Juden besonders hervor. Von diesem Verdikt würde ich nur die ausnehmen, die sich strikt mit Naturwissenschaften befaßt haben. Aber wenn wir uns den Geisteswissenschaften zuwenden, finden wir unter dem Heer von Historikern, Politologen, Soziologen usw. eine große Anzahl von Juden, die sich in diesem Kalten Krieg wildentschlossen für unsere Gesellschaft mit ihrer unverdauten Barbarei engagieren. Und im Hinblick auf die Legionen von Schönschreibern, die behaupten, »unser American way of life« oder »unser British way of life« sei die beste aller möglichen Lebensformen, ist man manchmal versucht, um eine Art Numerus clausus für jüdische Intellektuelle beim Zugang zur professionellen Lobrednerei zu beten, zu einem Beruf also, in dem sie so unüberhörbar und zahlreich vertreten sind.

Es liegt mir fern, ihnen in der Rolle der Kassandra entgegenzutreten, denn ich vertraue immer noch darauf, daß der »ewige Protestant« (wenn ich mir den Ausdruck von Professor Daiches erlauben darf) seine Ideale einmal verwirklicht und seine Hoffnungen erfüllt sehen wird. Nur wenn die Suche nach seiner Identität dem jüdischen Intellektuellen bei seinem Kampf um eine bessere Zukunft für alle Menschen hilft, dann, und nur dann, ist diese Suche in meinen Augen gerechtfertigt.

Die Russische Revolution und das jüdische Problem

Der Gegenstand dieses Vortrags, Russische Revolution und jüdisches Problem, muß jeden aus der Ruhe bringen, der sich mit ihm befaßt, handelt es sich doch um eine höchst komplexe und vielschichtige Frage. Nichts wäre leichter, nichts aber auch schädlicher, als diese Frage zu simplifizieren und womöglich Schuld zuzuteilen – die Juden schuldig zu sprechen oder die Revolution oder die Russen. Auch darf man an dieses Problem nicht mit den Begriffen herangehen, die von der Analyse der Beziehungen zwischen dem revolutionären Rußland und den anderen Nationalitäten her vertraut sind. In dieser Hinsicht ist das »jüdische Problem« einzigartig. Um es wirklich in seiner ganzen Komplexität zu erfassen, müssen wir auf seinen Ursprung zurückgehen. Wir müssen kurz die Struktur der jüdischen Bevölkerung zu Beginn der russischen Revolution analysieren, die Stellung der Juden innerhalb der russischen Gesellschaft untersuchen, die Veränderungen und Metamorphosen der Revolution selbst verfolgen und die Auswirkungen all dieser Veränderungen auf das Schicksal der Juden in der Sowjetunion abschätzen. Die Hauptfrage, der wir uns stellen und die wir offen und ehrlich beantworten müssen, lautet: Warum hat die russische Revolution im Verlauf von nahezu einem Jahrhundert das jüdische Problem nicht lösen können?

Zunächst muß ich den deutlichen Unterschied zwischen der Stellung der Juden in westlichen Gesellschaften und ihrer

Lage in Rußland hervorheben. Ich warne davor, das jüdische Problem in Rußland durch die Brille des jüdischen Lebens in Westeuropa zu sehen. Das würde nur zu einer verzerrten Optik und zu sinnlosen Fragestellungen führen. Man darf sich auch nicht einen Augenblick lang vorstellen, die jüdische Gemeinschaft in Osteuropa und in Rußland sei den jüdischen Gemeinschaften in England, Frankreich oder gar den Vereinigten Staaten auch nur im geringsten ähnlich gewesen.

Das ganze neunzehnte Jahrhundert hindurch gehörten die Juden in den westeuropäischen Ländern hauptsächlich zur Mittelklasse. Es gab sehr wenige jüdische Arbeiter, nicht viele jüdische Handwerker und einige Krämer. Die meisten Juden waren im Handel tätig und betrieben ihre Geschäfte in großem Maßstab in vielen westlichen Hauptstädten. Einige waren große Bankiers, und das Haus Rothschild wurde fast zu einem Symbol der jüdischen Großbourgeoisie. Der überwiegend bürgerliche Charakter der jüdischen Gemeinschaft in Westeuropa stand in deutlichem Kontrast zu den jüdischen Gemeinschaften in Osteuropa. Sicher, auch im Osten hatten wir unsere jüdische Bourgeoisie, unsere Kaufleute und Krämer. Aber die große Mehrheit der Juden bestand aus armen Schwerarbeitern, einfachen Handwerkern, aus Schuhflickern, Schneidern, Tischlern und aus Leuten, die man großartig »Metallarbeiter« nannte. Darunter darf man sich aber nicht fälschlicherweise so etwas wie französische »metallos« oder englische Stahlarbeiter vorstellen. Wie ich sie kannte, waren diese Metallarbeiter zumeist Klempner, Kesselflicker und Schlosser. Sie pflegten sich zu einer Art Genossenschaft zusammenzutun, die sie dann »Gewerkschaft der Metallarbeiter« nannten. Für alle diese Paupers war es eine kolossale Sache, einer Gewerkschaft mit einem derart grandiosen Namen anzugehören, aber sie blieben nach wie vor Paupers. Inmitten dieser Bevölkerung von Millionen notleidender und verarmter Juden gab es ein Heer sogenannter *Luftmenschen*,[1] gesellschaftlich total entwurzelte Existenzen, ohne jede Arbeit und geregelten Lebensunterhalt; Hausierer wie auch Lumpensammler und Leute, die sich als Heiratsvermittler durchschlugen und um den Anteil an der Mitgift feilschten, der für sie abfallen sollte.

Nach der Französischen Revolution genossen die Juden Westeuropas formelle Gleichheit vor dem Gesetz (1847 wurde Lionel Rothschild als erstes jüdisches Parlamentsmitglied ins Unterhaus gewählt). Diese Gleichheit vor dem Gesetz ging mit der fortschreitenden Assimilation Hand in Hand, denn selbst jene, die Religion und jüdisches Bewußtsein bewahrten, wurden durch die Annahme der jeweiligen Landessprache und ihre Angleichung an das äußere Erscheinungsbild ihrer Mitbürger assimiliert. In Osteuropa lebten die jüdischen Massen zu Millionen in geschlossenen Gemeinden, abgeschnitten von ihrer nichtjüdischen Umwelt. Diese Ghettos bestanden nicht formell; die Juden durften sie verlassen, und das taten sie auch. Dennoch lebten sie unter sich, trugen ihre besondere Kleidung – wozu auch Bärte und Schläfenlocken gehörten –, hatten ihre eigene Sprache und entwickelten ihre eigene Kultur und Literatur. Oft fehlten ihnen die elementarsten Polnisch- oder Russischkenntnisse. Ihre Sprache blieb das Jiddische. Es gab natürlich auch eine Minderheit von gebildeten Juden, die sich immer mehr assimilierten und nach Habitus und Gewohnheiten nicht mehr von der einheimischen Intelligenz zu unterscheiden waren. Aber die Existenzweise der breiten Masse der orthodoxen Juden hatte sich im Verlauf der Jahrhunderte nur sehr wenig entwickelt. Immer noch betrieben sie Formen eines primitiven Handels, wie sie im sechzehnten oder siebzehnten

Jahrhundert üblich gewesen waren, und ihre religiösen Riten und Tabus waren entsprechend archaisch und anachronistisch.

In Westeuropa ging mit der Assimilation der Juden zugleich ihre Emanzipation einher. Nicht so in Osteuropa. Insbesondere in Rußland hatten die Juden den Status eines »Bürgers zweiter oder dritter Klasse«. Auf russischem Boden durften sie sich nicht nach Belieben niederlassen, sondern nur innerhalb des sogenannten jüdischen Bezirks, des »Rayons«. Land durften sie nicht besitzen, bestimmte Berufe waren ihnen verschlossen. Ihre Lage war kaum besser als die der russischen und polnischen leibeigenen Bauern. Diese Bauern hatten aber wenigstens nicht unter den Pogromen, den Ausbrüchen von Antisemitismus und den regelrechten Massakern zu leiden, die sowohl spontan wie auch oft genug von den Behörden ermuntert waren. Es ist bezeichnend, daß das Wort »Pogrom« russischer Herkunft ist, wenngleich es mittlerweile auch Eingang in die meisten europäischen Sprachen gefunden hat. Nur fünf Jahre vor der russischen Revolution fand in Kiew der berüchtigte Beiliss-Prozeß statt, der die Lage der Juden unter dem Zaren schlagartig erhellte. In diesem Prozeß – dem sogenannten Ritualmordprozeß – war ein Jude namens Beiliss angeklagt, ein christliches Kind getötet zu haben, um Blut für die *Pessachmatzen* zu gewinnen. Die Straße gehörte den Schwarzhundertern, terroristischen Geheimbünden abgefeimter, wilder Reaktionäre und vom Zarenhof ausgehaltener russisch-orthodoxer Dunkelmänner. Hier nun wird der außerordentliche Kontrast zwischen der ungewissen Existenz der Juden in Rußland und den jüdischen Lebensbedingungen im Westen deutlich. Man mag einwenden, daß es im Westen ebenfalls einen Ausbruch des Antisemitismus, die Dreyfus-Affäre, gegeben hat, aber die spielte sich auf einer völlig anderen gesellschaftlichen und politischen Entwicklungsebene ab. Trotzdem steht außer Zweifel, daß die Dreyfus-Affäre einen Wendepunkt in der Geschichte der westeuropäischen Juden markiert. Denn Ende des neunzehnten Jahrhunderts erlitt die fortschrittliche Emanzipationsbewegung einen schweren Rückschlag, der Antisemitismus begann sich zu regen und um sich zu greifen, um schließlich das makabre Ausmaß der Nazizeit zu erreichen. Das Jahrhundert nach der Französischen Revolution brachte also Aufklärung und Fortschritt und damit die Assimilation der Juden an ihre Umwelt, in Osteuropa dagegen war es für die Juden ein Jahrhundert der Unterdrückung und der Isolation.

So sah die Lage der Juden aus, als in den späten neunziger Jahren des vergangenen und den ersten Jahren des zwanzigsten Jahrhunderts die sozialdemokratische Bewegung sich auszubreiten und die Massen anzuziehen begann. Heute wird sehr oft behauptet, die Einstellung gegenüber den Juden, wie sie im gegenwärtigen Rußland zu beobachten sei, entspreche der ursprünglich von Lenin und den Bolschewiki entwickelten Haltung. Besonders unter den Juden herrscht die Mode, Bolschewismus und Kommunismus für alles ihren Religionsgenossen in Rußland zugestoßene Unglück verantwortlich zu machen. Aber wenn wir die Originalquellen zur Hand nehmen und die Dokumente sorgfältig prüfen, dann stellen wir fest, daß sowohl die Bolschewiki wie auch die Menschewiki und sogar die Sozialrevolutionäre – also wirklich alle Strömungen des russischen Sozialismus – bis zur Revolution ein und dieselbe Einstellung zum jüdischen Problem gehabt haben. In diesem Punkt waren der russische Bolschewik Lenin, der menschewistische Jude Martov und der Jude Trotzki einer Meinung. Sie hatten ihre Vorstellung über die Juden von westlichen Marxisten, insbesondere von Marx und Engels, übernommen. In seiner berühmten, 1843 verfaßten Arbeit zur Judenfrage bemerkt Marx, daß die Frage der Emanzipation der Juden nicht mehr als ein isoliertes Problem existiere: Alle Bestrebungen seien deshalb auf die Emanzipation der europäischen, vor allem der westeuropäischen Gesellschaft vom Kapitalismus zu richten. Ohne das schwere Joch der kapitalistischen Unterdrückung könnten alle Mitglieder der Gesellschaft, also auch die Juden, Gleichheit und Freiheit erlangen.

In frühen marxistischen Arbeiten über dieses Thema tauchte sogar ein gewisser feindseliger Unterton auf, nicht gegen die Juden als Juden, sondern als führender und auffälliger Teil der westeuropäischen Bourgeoisie. Die Rothschilds etwa symbolisierten Macht und finanzielle Vorherrschaft der jüdischen Bourgeoisie gegenüber der französischen, englischen und deutschen Mittelklasse. Andererseits waren hervorragende sozialistische Führer wie Marx und Lassalle jüdischer Herkunft. Doch gegen Ende des neunzehnten Jahrhunderts hatte sich angesichts des auch in der westlichen Gesellschaft zunehmenden Antisemitismus die gesamte sozialistische Bewegung mit ihm ernsthaft auseinanderzusetzen. Damals schrieb August Bebel, der große Führer der deutschen Sozialdemokratie, seine berühmte Arbeit über den Antisemitismus und nannte ihn den »Sozialismus des dummen Kerls«. Dies war mehr als ein brillantes Paradoxon oder ein witziges Epigramm. Tatsache war, daß die auffällige Rolle der Juden unter den Bankiers und im Handel die ärmeren Klassen der westlichen Gesellschaft teilweise gegen die Juden aufbrachte. Bebel und andere Sozialisten wie Kautsky versuchten, den Arbeitern zu erklären, sie sollten ihren Kampf nicht einfach gegen die jüdische Bourgeoisie richten, die doch nur eine kleine Abteilung der kapitalistischen Klasse darstelle, sondern gegen die gesamte Bourgeoisie. Nur das sei wahrhaft sozialistisch, denn nur Narren suchten das Gesellschaftssystem dadurch zu verändern, daß sie gegen einige – die jüdischen – Mitglieder der unterdrückenden Klasse vorgingen. Rückblickend kann man sehen, wie weitsichtig Bebel und seine Genossen mit dem Hinweis waren, die Kapitalisten in Westeuropa würden zur Not auch ihre jüdischen Brüder als Sündenböcke opfern und sogar bereit sein, Arbeiter, *Lumpenproletariat*[2] und Kleinhändler gegen die jüdische Bourgeoisie aufzuhetzen, wenn es um ihr eigenes Leben und Eigentum ginge. Für sie wäre das der billigste Weg, den aufgestauten Haß der unterdrückten Klasse von sich abzulenken. In Westeuropa gab es keine oder kaum jüdische Arbeiter und deshalb auch keine jüdische Arbeiterbewegung. Die Sozialistenführer hielten an der Ansicht fest, die einzige Antwort auf die Judenfrage sei die vollständige Assimilation. Damals bekannte sich Lenin, wie alle seine Genossen, stolz dazu, Schüler der deutschen Sozialdemokratie zu sein, und so glaubten auch sie, in Rußland werde das Problem durch Assimilation gelöst, indem die jüdische Gemeinschaft völlig in der großen sozialistischen Gesellschaft aufgehen werde. Bald erkannten sie jedoch, daß das Problem im Osten viel schwieriger war als im Westen, weil nämlich die jüdischen Paupers, Arbeiter und unteren Mittelschichten abgesondert in kompakten Ghettos lebten, in denen sie ihre eigene Lebensweise kultivierten und fortführten. Dennoch waren Lenin und Martov, Bolschewiki wie Menschewiki, unbedingt entschlossen, die jüdischen Arbeiter in den Kampf ihrer russischen Genossen gegen den Zarismus und die alte Ordnung einzubeziehen, die in Osteuropa herrschte. Dieselbe Ansicht vertrat Rosa Luxemburg, die große Revolutionärin jüdischer Herkunft, die sogar noch stärker für die Assimilation der Juden eintrat als Lenin oder Martov.

Zur selben Zeit entstand der Zionismus als eine politische Bewegung, die vor allem von den jüdischen Gemeinschaften der westlichen Länder unterstützt wurde. Man muß klar sehen, daß die große Mehrheit der osteuropäischen Juden bis zum Ausbruch des zweiten Weltkriegs den Zionismus ablehnte. Dieser Tatsache sind sich die meisten Juden und Nichtjuden im Westen kaum bewußt. In unserem Teil der Welt waren die Zionisten eine bedeutende Minderheit, aber niemals konnte sie eine Mehrheit ihrer Glaubensbrüder für sich gewinnen. Die fanatischsten Feinde des Zionismus aber waren die Arbeiter. Sie sprachen Jiddisch und betrachteten sich als Juden, sie waren auch die entschiedensten Gegner der Idee, aus Osteuropa nach Palästina auszuwandern. 1939 wählten die jüdischen Gemeinden in Polen zum letzten Mal die Gemeindevorsteher für ihre *Kehiles*[3] Die Kommunisten, damals von großem Einfluß, betrachteten die *Kehiles* als klerikale Institutionen und boykottierten die Wahl. Der entschieden antizionistische *Bund* (Jüdische Arbeiterpartei) beteiligte sich und gewann eine große Mehrheit. (Nur ein relativ kleiner Zweig der sozialistischen Bewegung, die *Po'alei Zion*,[4] versuchten, Sozialismus und Zionismus miteinander zu verbinden.) Jüdische Stimmen im Westen setzen Antizionismus sehr oft mit Antisemitismus gleich. Danach wären die osteuropäischen Juden in ihrer großen Mehrheit einfach Antisemiten gewesen. Aber ein solcher Schluß ist natürlich völlig absurd.

Diese jüdische Opposition gegen den Zionismus war tragisch – sie blieb erfolglos und endete im Untergang der Juden. In der Idee der Aussiedlung, des Auszugs aus den Ländern, in denen sie zu Hause waren und die ihre Vorfahren seit Jahrhunderten bewohnt hatten, sahen die Antizionisten einen Verzicht auf ihre Rechte, ein Nachgeben gegenüber dem feindlichen Druck und eine Kapitulation vor dem Antisemitismus. Für sie schien der Antisemitismus im Zionismus zu triumphieren, der die Rechtmäßigkeit und Gültigkeit des alten Geschreis: »Juden raus!« anerkannte. Die Zionisten waren bereit zu »verschwinden«.

Fast alle Juden Osteuropas teilten die Meinung, nur der revolutionäre Sturz des Zarismus könne sie von der andauernden Diskriminierung und Unterdrückung befreien, und Juden spielten dann auch eine hervorragende Rolle in der revolutionären Bewegung.

Aber als die Revolution Wirklichkeit wurde, hatte die plötzliche Transformation der Gesellschaft auch schmerzliche und zersetzende Folgen für einen beträchtlichen Teil der jüdischen Bevölkerung. Da so viele Juden in Rußland als Krämer, Handwerker, Spekulanten und *Luftmenschen* lebten, mußte die Revolution notwendigerweise auf eine vollständige Umwandlung ihrer Lebensbedingungen abzielen. Die Sozialisten wollten die sogenannte »Produktivierung« der Juden durchsetzen, sie in Fabrikarbeiter und Bauern, in zeitgemäße Arbeitskräfte verwandeln. Der Ladenbesitzer sah sich am Rande des Abgrunds: Die neue Ordnung war ihm nicht günstig. Sicher, sie befreite ihn von der Angst vor Pogromen und Verfolgung, sie bedrohte aber auch seine hergebrachte Existenzweise als Zwischenhändler und einfacher Kaufmann. In den zwanziger Jahren begannen die Bolschewiki, die Juden zu ermutigen, sich auf dem flachen Lande, in jüdischen Kolonien auf der Krim, in Kherson und in Birobidjan anzusiedeln. Ich besuchte damals solche Kolonien und sah, wie außerordentlich sich einige idealistische *Goyim*[5] und einige enthusiastische Juden anstrengten, um wenigstens einen Teil der jüdischen Bevölkerung zu richtigen Bauern zu machen. Man steckte beträchtliche Investitionen und enorme Anstrengungen in die Aufgabe, die Mentalität des Luftmenschen zu verändern. Man erwartete von ihm, daß er die Kunst des Kleinhandels mitsamt seinen Tricks aufgäbe und sich allmählich die Kunst des Pflügens und Hackens aneigne. Aber alle diese Anstrengungen, Händler in Bauern zu verwandeln, schlugen fehl. Die Juden waren auf diesen Bruch, auf einen so tiefen und gründlichen Wandel ihrer gesamten Lebensweise einfach nicht vorbereitet. Selbst im heutigen Israel lebt nur eine kleine Minorität der Bevölkerung auf dem Lande, in den Kibbutzim; die meisten Juden zieht es noch immer in die Stadt, sie sind lieber Städter als Landbewohner und Bauern.[6] Kein Wunder, denn jahrhundertelang waren die Juden Stadtbewohner gewesen, die urbane Tradition war ihnen zur zweiten Natur geworden. Nur die überzeugtesten Zionisten, die auf dem heiligen Boden von Zion siedeln wollten, emigrierten aus Rußland und griffen zum Pflug. Wer in der Sowjetunion zurückblieb, hatte keine Lust, Bauer zu werden, sondern ging in die moderne Industrie. Tatsächlich wurden viele Juden Arbeiter in Großbetrieben, aber auch sie blieben eine Minderheit. Die große Mehrheit mit ihrer städtischen Tradition und ihrem insgesamt über dem der russischen Bevölkerung liegenden Bildungsgrad wurde Kopfarbeiter und kam in großer Zahl in der nachrevolutionären Bürokratie, im Partei- und Staatsapparat unter. Juden spielten auch in der akademischen Welt eine große Rolle. Auch heute arbeiten – aller oft berechtigten Entrüstung über antisemitische Diskriminierung zum Trotz – über 25 000 Juden als akademische Lehrer in der UdSSR. Dieser Prozeß einer allgemein höheren Bildung setzte natürlich erst nach 1917 ein, als der Numerus clausus abgeschafft und den jüdischen

Studenten die Tore der russischen Universitäten aufgestoßen wurden.

Dennoch war selbst während der heroischsten Zeit der Revolution eine untergründige Strömung des alten hartnäckigen Antisemitismus in der russischen Bevölkerung wirksam. Wo ist die Quelle dieses verfluchten Giftes zu suchen? Zuallererst in der Rückständigkeit, in der geistigen Dumpfheit und vollständigen Unwissenheit der russischen Bauernmassen, der *Muschiks,* und selbst von Teilen der städtischen Arbeiterschaft. Hinzu kam der verhängnisvolle Einfluß der russisch-orthodoxen Kirche, der fortschrittfeindlichsten aller Kirchen in Europa, und der tief verwurzelte christliche Mythos von den Juden als den Kreuzigern Christi. Dieser Mythos hat, wie wir heute wissen, das Denken der gesamten christlichen Kultur sehr viel nachhaltiger geprägt, als man sich das vor fünfzig Jahren vorstellen konnte. (An der Schwelle des »wissenschaftlichen« zwanzigsten Jahrhunderts stand die Hoffnung, unser modernes Zeitalter werde im Zeichen der Emanzipation alle religiösen Vorurteile und den verderblichen Einfluß von Mythen und Legenden überwinden!) Wie überall waren auch in Rußland Haß und Vorurteile, die Jahrhunderte und Jahrtausende hindurch in die Köpfe der Bevölkerung gehämmert worden waren, nicht im Laufe weniger Jahre oder auch Jahrzehnte auszurotten. Dazu kam noch ein weiteres Element, das den Antisemitismus der Massen nährte. Der arme russische Bauer betrachtete den jüdischen Dorfkrämer oder den Schankwirt mit Mißtrauen, weil sie oft betrügerische Geschäfte machten. In dem abgrundtiefen Elend, in dem sie lebten, versuchten sie wohl, ihre Armut auf Kosten des *Muschik* zu mildern, der genauso erbärmlich dran war. Hier ist der Ursprung des Antagonismus zwischen dem armen Bauern oder Arbeiter und seinem jüdischen Nachbarn zu sehen.

Mißgunst und eine Art *jalousie de métier* erweckten auf einer wieder anderen Ebene jüdische Intellektuelle und Kopfarbeiter mit gehobenen Posten in Partei und Staat, in militärischen und zivilen Institutionen oder im Bildungswesen, wie auch diejenigen, die in der Presse, bei Film und Theater führend waren. Im Briefwechsel, den Trotzki während des Bürgerkrieges mit Lenin führte, findet sich ein typisches Beispiel für diese Atmosphäre. Trotzki, damals Chef der Roten Armee und Verteidigungskommissar, forderte in einer vertraulichen Botschaft von der Front, alle in der sicheren Militärverwaltung beschäftigten Juden sollten aus ihren Bürostuben an die Front versetzt werden. Unter den Soldaten, schrieb der Jude Trotzki, gebe es zuviel Gerede darüber, daß in der sicheren Etappe mehr Juden zu finden seien als an der Front. Selbst als die Rote Armee im Bürgerkrieg die Juden gegen die Pogrome der Weißgardisten schützte, kamen diese fatalen, aber menschlichen und verständlichen Spannungen vor, die das Verhalten eines gewöhnlichen Russen gegenüber einem mehr oder weniger »privilegierten« Juden beeinflußten.

Zu Lebzeiten Lenins verbreiteten die Bolschewiki eine sehr intensive antinationalistische, antireligiöse und antiklerikale Propaganda. Sie führten diesen Aufklärungsfeldzug im Geist völliger Unvoreingenommenheit; sie verdammten, brandmarkten und bekämpften jede Art von Nationalismus, vor allem aber den großrussischen Chauvinismus, und proklamierten die Gleichberechtigung aller kleinen Nationen und nationalen Minderheiten. Die Juden durften – und wurden sogar dazu ermuntert – ihre Zeitungen und ihre Literatur in jiddischer Sprache publizieren wie auch ihr eigenes Theater aufbauen, und das jiddische Theater war eines der besten, das ich erlebt habe. Man hat heute wohl vergessen, daß das erste große hebräische Theater in der Geschichte, die *Habimah,* in Rußland gegründet worden ist, und zwar auf Initiative des Kommissars für das Volksbildungswesen, A.V. Lunatscharsky (es sei angemerkt, daß die *Habimah* Rußland bald Richtung Palästina verlassen hat). Hier lag sicher ein Widerspruch vor, denn im Prinzip waren die Bolschewiki gegen die Wiederbelebung des Hebräischen als einer damals toten Sprache. Als die *Habimah* den *Dibbuk,* An-Skis[7] mystisches Stück, aufführte, erhob sich denn auch Protest gegen die Idealisierung der religiösen Legenden des Chassidismus auf einer Bühne des Roten Rußland. Doch die künstlerische Schöpferkraft war in dieser kurzen, aber stürmischen Glanzzeit nachrevolutionärer Kunst einfach unzähmbar.

Die Bolschewiki haben die Lösungsmöglichkeiten der Judenfrage eindeutig zu optimistisch gesehen. Sie waren die einzigen, die den abgrundtiefen antisemitischen Instinkt in der christlich geprägten Volkskultur unterschätzten. Sie hielten ihre Revolution für das Vorspiel einer kontinentalen Erhebung; sie gingen davon aus, daß die fortschrittlichen Kräfte Deutschlands und Frankreichs sie auf ihrem weiteren Weg unterstützen würden; daß die antisemitische Krankheit in einem vernünftig organisierten und gesunden sozialistischen Europa der Vergangenheit angehören würde. Die Geschichte ist anders verlaufen: Die russische Revolution blieb isoliert, die deutsche wurde niedergeschlagen. Europa eilte nicht zu Hilfe. Rußland blieb alleine zurück und schmorte im eigenen Saft der Rückständigkeit, die ihm Zarismus, jahrhundertelange russische Orthodoxie, Analphabetismus, Armut und Barbarei hinterlassen hatten. Unter diesen Bedingungen mußten sich alle in der russischen Gesellschaft vorhandenen Gegensätze zuspitzen, und damit auch der Gegensatz zwischen Juden und Nichtjuden. Man darf sich dabei nicht vorstellen, das jüdische Problem habe in einem Vakuum geschwebt und sei unabhängig von den Entwicklungen in der sowjetischen Gesellschaft gewesen. Es war in der Struktur dieser Gesellschaft verwoben und eng mit ihrer weiteren Entwicklung verknüpft, mit ihrem Wachstum und ihrem Fortschritt, ihrem Rückschritt und neuem Fortschritt.

Eben weil das Problem, das wir analysieren, von der sowjetischen Gesamtsituation nicht zu trennen ist, kann man seine einzelnen Aspekte nicht einfach in einem oder auch mehreren Vorträgen abhandeln. Deshalb werde ich jetzt einen gewissen logischen Sprung machen und zu zeigen versuchen, wie sich die Entwicklung des Einparteiensystems auf das Schicksal der Juden ausgewirkt hat. In der Ära Lenins war die monolithische Partei undenkbar. Aber das Einparteiensystem warf seine unheilvollen Schatten bereits voraus. Bis 1924, und selbst in den zwei, drei darauffolgenden Jahren gab es unter den Bolschewiki noch eine freie und offen geführte Diskussion, während die anderen Parteien allmählich immer stärker unterdrückt wurden. Um ein Beispiel zu nennen: Die linke *Po'alei Zion*, die sozialistische zionistische Partei, existierte in Rußland legal bis 1925 oder 1926. Obwohl die Bolschewiki Gegner des Zionismus waren, stand die vollständige Unterdrückung zionistischer Ansichten nicht auf ihrem Programm. In meinen Büchern über Stalin und Trotzki habe ich den Prozeß dargelegt, der Schritt für Schritt alle politischen Parteien zum Verschwinden gebracht hat. Hier kann ich nur hinzufügen, daß dieser Prozeß automatisch und logisch zur Errichtung des Einparteiensystems auch unter den Juden geführt hat. Alle jüdischen Parteien – der *Bund*, die *Po'alei Zion* und andere zionistische Organisationen wurden unterdrückt. Bis zu einem gewissen Grad und weitgehend zu Recht konnte man im Zionismus eine der Revolution fremde oder zumindest nicht förderliche Ideologie sehen, setzte sie doch alle Hoffnungen auf die Bildung eines separaten jüdischen Staates, statt auf Sozialismus und internationale Solidarität. Ihr Ziel lag nicht in der Schaffung einer besseren Zukunft für alle sowjetischen Völker in der UdSSR, sondern in der Auswanderung einer organisierten Gruppe aus der UdSSR. Mit einem Wort, der Zionismus kehrte der Revolution den Rücken oder suchte bestenfalls, sie zu ignorieren. Dies ergab aber noch keinen objektiven Grund, den Zionismus zu einer gefährlichen und subversiven Doktrin zu erklären. Das Argument, »der Zionismus bedrohe die russische Revolution« war angesichts der völligen Machtlosigkeit aller jüdischen Gruppierungen in Rußland so falsch wie lächerlich. Denn tatsächlich war in diesem monolithischen und totalitären Regime überhaupt kein Raum mehr für abweichende Meinungen, unterschiedliche Ansichten oder politische Richtungen. (Eine alte jüdische Redensart sagt: »Wie es sich christelt, asoy jidelt es sich«, was bedeutet: Wie es bei den Christen zugeht, so muß es auch bei den Juden zugehen). Da bei den Nichtjuden nur eine Partei, eine Auffassung zugelassen war, konnte auch unter den Juden nur eine monolithische Auffassung toleriert werden. Übrigens waren die fanatischsten Verfechter der Unterdrückung der jüdischen Partei beileibe nicht die Russen, sondern die Juden selbst, genauer, die jüdischen Kommunisten in der *Jevsektsia* (der Jüdischen Sektion der Kommunistischen Partei). Als dieses Problem heiß diskutiert wurde, war ich in Rußland und erlebte wiederholt, wie russische Bolschewiki, unter anderen Michail Kalinin, der Präsident der UdSSR, sich mit den jüdischen Genossen auseinandersetzten, um deren unbändige Feindschaft gegenüber der zionistischen Idee, den Überresten des *Bund*, ja sogar gegenüber dem jüdischen

Klerikalismus zu mäßigen. Aber die jüdischen Kommunisten waren überzeugt, sie müßten orthodoxer, »koscherer« und entschiedener sein als ihre russischen Kollegen. Man pflegt eben gegenüber Andersdenkenden aus der eigenen Umgebung weniger nachsichtig zu sein als gegenüber Opponenten, die einem nicht so nahestehen. In diesem Zusammenhang sollte man sich daran erinnern, daß es der Georgier Dschugaschwili und seine Landsleute waren, die bei der Verfolgung des »lokalen Nationalismus« in Tiflis den größten Eifer und die größte Leidenschaft an den Tag legten.

Mit dem Einparteiensystem entwickelte und verfestigte sich der Stalinismus. Die Jahre der Isolation, die enttäuschte Hoffnung auf Hilfe von außen, die Niederlage des Kommunismus in Europa – all das bereitete den Boden für Stalins Doktrin vom »Sozialismus in einem Land«. Auf die Isolierung Rußlands reagierten die Bolschewiki mit einer isolationistischen Ideologie. Aus der Not machten sie eine Tugend: Da sie von der Welt abgeschnitten waren, boykottierten sie die Welt.

Heute wissen wir, wieviel die Bolschewiki auf dem von Stalin eingeschlagenen Weg zum »Sozialismus in einem Land« von ihrer internationalistischen Tradition über Bord werfen mußten. In Rußland wie im Westen frißt sich der Antisemitismus in Zeiten der Reaktion immer wieder zur Oberfläche durch, nährt sich von nationalistischen Emotionen und Haßgefühlen. Stalin, in der Wahl seiner Mittel ohnehin nie zimperlich, scheute sich nicht, in seinen Auseinandersetzungen mit der Opposition antijüdische Tendenzen auszuschlachten. Zunächst heizten die stalinistischen Agitatoren die antisemitischen Vorurteile nur verstohlen mit vagen Hinweisen und dunklen Anspielungen an, dann immer offener, bis sie schließlich in der Periode der Großen Säuberungen ihren ersten Höhepunkt erreichten. Die antisemitischen Untertöne in der Propaganda erschienen damals als etwas so Ungeheuerliches, daß der in diesem Punkt eher zurückhaltende Trotzki nicht länger schweigen konnte und im März 1926 an Bucharin schrieb: »... ist es wahr, ist es möglich, daß in *unserer Partei*, in Moskau, in *Arbeiterzellen* ungestraft antisemitische Agitation betrieben werden kann?« Als er vierzehn Tage später im Politbüro dieselbe empörte Frage stellte, erhielt er keine Antwort – eine gewisse Verlegenheit und Achselzucken waren die einzige Reaktion. Unter den Oppositionsführern waren Juden in der Tat besonders stark vertreten. Stalins treue Diener stellten diese als »wurzellose Kosmopoliten« dar, als Menschen, die sich – da keine echten Söhne von Mütterchen Rußland – um den Sozialismus in einem Land, in ihrem eigenen Vaterland, natürlich keineswegs kümmerten. Die Heuchelei bestand darin, daß das Wort Jude niemals vorkam und dennoch jeder wußte, wer mit den denunzierten »wurzellosen Kosmopoliten« gemeint war.

Andererseits gab es auch innerhalb der stalinistischen Bürokratie viele Juden. Die Zwangskollektivierung in der Ukraine, wo sie den brutalsten und blutigsten Verlauf nahm, wurde von dem Juden Kaganowitsch geleitet. Darin wird deutlich, in welche tragische Sackgasse die Juden geraten waren. In der Stadt wurden sie als »wurzellose Kosmopoliten« verfolgt, die sich dem Fortschritt des Sozialismus in Rußland entgegenstellten; auf dem Land wurden sie von den Bauern gehaßt, die im bolschewistischen Juden Kaganowitsch ihren Hauptpeiniger sahen. Weitere, nicht weniger scharfe Widersprüche kamen hinzu. Der Kleinhändler, der Spekulant, der jüdische *Luftmensch* hielt während der gewaltigen gesellschaftlichen Umwälzung seinen Kopf immer noch über Wasser; immer noch erweckte er bei der russischen Bevölkerung Mißtrauen und tiefe Abneigung. Dem standen die Juden in der Universität gegenüber, die Professoren, Lehrer und großen Ärzte, die in großer Zahl eine neue Generation der Intelligenz ausbildeten und so viel zur Entwicklung und Modernisierung Rußlands beitrugen.

All dies zeigt sehr deutlich, wie die inneren Widersprüche der sich verändernden sowjetischen Gesellschaft die Juden in der Regel härter und grausamer trafen als irgendeine andere ethnische oder nationale Gruppe in der UdSSR.

Dann kam der Zweite Weltkrieg. In der kurzen Zeit der Versöhnung und des Bündnisses zwischen Hitler und Stalin gerieten die russischen Juden natürlich in ein Kreuzfeuer. Ihre Stellung wurde – milde ausgedrückt – äußerst unbequem. Symbolisiert wurde sie durch den Rücktritt des Außenministers Maxim Litwinow, der durch den Großrussen Wjatscheslaw Molotow ersetzt wurde. Wie konnte der Jude Litwinow einen Pakt mit Hitler oder Ribbentrop unterzeichnen? Dafür brauchte man schon einen »reinen« Arier. Eine Art rassistischer Ansteckung griff von Deutschland auf Rußland über. Das war die Zeit, als Stalin und Molotow in einer Grußadresse an Hitler von der »durch Blutsbande zusammengehaltenen« russisch-deutschen Freundschaft sprachen und als Stalin die Befreiung seiner »Blutsbrüder«, der Ukrainer, vom polnischen Joch verkündete. Die stalinistische Sprache wurde zunehmend mit derart rassistischer Terminologie »angereichert«. Sie wurde jedoch bald durch eine stark nationalistische, chauvinistische, großrussische Sprache ersetzt. Dann kam der 21. Juni 1941, und der Vorkämpfer des Antisemitismus wurde wieder zum unversöhnlichen Feind Sowjetrußlands.

Nach den ganzen Umwälzungen der unmittelbaren Vorkriegszeit, nach den brutalen Wirkungen der Zwangskollektivierung, dem Drama der großen Säuberungen, den massenhaften Deportationen in Konzentrationslager, nach all dem waren die Spannungen in der sowjetischen Gesellschaft derart akut und gefährlich, daß zu Beginn des Krieges die gesamte moralische, wirtschaftliche und politische Struktur vor dem Zusammenbruch zu stehen schien. Die ukrainische Bevölkerung empfing Hitler und seine Besatzungsarmee zunächst mit Erleichterung, ja mit Freude. Diese Stimmung hielt an, bis die Nazis den Ukrainern demonstrierten, wozu sie wirklich imstande waren. Sehr schnell kam jetzt den Ukrainern die bittere Erkenntnis, daß der übelste Stalin immer noch besser war als Hitler. Dennoch hatte die Nazi-Invasion in der Ukraine und Westrußland eine neue und sehr mächtige Welle des Antisemitismus zur Folge. Uralte, immer latente, gelegentlich gedämpfte, doch niemals erloschene Vorurteile brachen wieder aus, und die Nazis fachten sie zu einem verheerenden Feuer an. Stalin und seine Regierung fürchteten wiederum, der Krieg gegen die Nazis könnte in den Augen der Ukrainer und Russen als ein Krieg erscheinen, der nur die Juden retten sollte. Nazi-Propaganda, Nazi-Radio, Nazi-Flugblätter und Pamphlete überschlugen sich, der Sowjetbevölkerung unerbittlich einzuhämmern: »Dieser Krieg ist eine jüdische Intrige! Diesen Krieg führt ihr für die Interessen der Juden!« Und für sehr viele Ukrainer und Russen klang diese perverse Argumentation oft genug plausibel. Stalin wollte dieser Propaganda unbedingt entgegenwirken, ging dabei aber in der ihm eigenen hinterhältigen und verschlagenen Weise vor. Anstatt die Propaganda offen anzugreifen und ihre ganze Verkommenheit und Demagogie anzuprangern, versuchte er, sich darum herumzudrücken und das Thema einfach zu unterschlagen. Vor diesem Hintergrund ist das merkwürdige Phänomen zu sehen, daß die sowjetische Presse bis zum Ende des zweiten Weltkrieges kaum Berichte über das Schicksal der Juden unter den Nazis brachte, Auschwitz und Majdanek kaum erwähnte. Nur selten, und wenn, dann möglichst kurz und beiläufig, wurden den breiten Massen der kriegführenden UdSSR Informationsbrocken über die Judenvernichtung hingeworfen.

Von Natur aus argwöhnisch und voll Verachtung gegenüber seinem Volk, neigte Stalin jetzt weniger denn je dazu, dessen Durchhaltekraft besonders hoch einzuschätzen. In den Monaten der Niederlage war seine Propaganda plump manipuliert und klang unaufrichtig. Die daraus resultierende Verwirrung hatte für die Juden manchmal tragische Folgen, die zu verhindern gewesen wären. Ein Beispiel: Taganrog, eine expandierende Industriestadt im Gebiet des Asowschen Meeres, hatte einen großen jüdischen Bevölkerungsanteil. Als 1942 die Sowjetregierung den Juden von Taganrog die Evakuierung vor den vorrückenden Nazi-Truppen anbot, weigerten sie sich wegzuziehen: Sie konnten nicht glauben, daß die deutsche Nation, die Nation von Goethe und Beethoven, die Nation der Dichter und Denker, die Nation von … Marx und Engels für derart ungeheure Verbrechen an den Juden verantwortlich sein sollte, wie ihnen die sowjetischen Behörden damals berichteten. Die Juden glaubten Stalins Propaganda auch dann nicht, wenn sie der Wahrheit entsprach, und so kamen sie während der deutschen Besatzung alle um. Juden, die sich aus anderen Orten evakuieren ließen, haben dagegen überlebt.

Trotz aller Stalinschen Verbrechen dürfen wir nicht vergessen, daß aufgrund seiner Anordnungen zweieinhalb Millionen Juden aus den besetzten Gebieten Rußlands ins Innere des Landes gebracht und damit vor KZs und Gaskammern der Nazis gerettet wurden. Die jüdisch-nationalistische und zionistische Presse vergißt diese Tatsache nur allzuoft und allzugern. Diese Juden befanden sich in einer merkwürdigen Situation: In aller Eile nach Kasachstan, Usbekistan, den zentralasiatischen Republiken evakuiert, verwirrt und verzweifelt, inmitten einer fremden Umwelt waren sie aufs neue entwurzelt. Unter den Bedingungen ungeheurer Armut und Lebensmittelknappheit, unter Entbehrungen und Hunger mußten sie ihr Leben fristen. Und wieder traten sie auf dem schwarzen Markt in Erscheinung, wieder wurden sie zu *Luftmenschen.* (Diese traurige Entwicklung wurde mir von vielen meiner polnischen Freunde berichtet, die in diese Regionen Rußlands deportiert wurden.) Es wäre ungerecht, diese jüdischen Flüchtlinge zu verurteilen. Sie waren keine Bauern, die zur Not dem Boden etwas hätten entlocken können. Meist waren sie auch keine gelernten Industriearbeiter – und in der Regel waren sie zu alt, um in der Armee zu dienen. Sie besaßen noch eine gute Portion Händlermentalität, die durch das Gefühl tiefer Unsicherheit nun noch verstärkt wurde. So horteten sie etwas Tee und Zucker, einige Säcke Getreide und Kartoffeln und verkauften sie zum höchstmöglichen Preis. Die Masse der russischen Arbeiter um sie herum aber hungerte. Dies gab der Welle des Antisemitismus neuen Auftrieb. Dennoch, diese zweieinhalb Millionen Juden, die große Masse der jüdischen Gemeinschaft in Rußland entging dem Massaker der Nazis.

Nach dem Krieg waren die Nerven der Nation wieder aufs äußerste gespannt. Zu all dem Chaos, zu Ermüdung und Erschöpfung kam 1946 noch ein weiteres Unglück hinzu: eine katastrophale Mißernte, wie sie Rußland seit einem halben Jahrhundert nicht mehr erlebt hatte. Überall herrschte Hunger, dazu kam dann die Verzweiflung, als man die Toten zu zählen begann: Zwanzig Millionen Menschen hatte der Kampf gekostet! Dieser furchtbare Verlust schlich sich zunächst nur langsam ins allgemeine Bewußtsein. Dann aber traf er die Nation mit unerträglicher Gewalt. Auf den russischen Feldern und Höfen war kein Mann mehr zu sehen; nur Frauen, Greise und Kinder bestellten das Land und brachten eine magere Ernte ein, die für die Nation kaum ausreichte. Alle Beschränkungen der Jugendarbeit wurden aufgehoben. Arbeit und Überstunden waren das Gebot der Stunde.

Alte und neue Gegensätze traten scharf und schmerzhaft hervor. Und abermals brach der fast unterirdische Kampf zwischen den beiden großen Strömungen aus, die in der Entwicklung des russischen Denkens und in der Ideologie der Sowjetgesellschaft miteinander ringen: der Kampf zwischen Nationalismus und Internationalismus. Wenn man nicht ständig im Kopf hat, daß dieser Kampf ein Grundzug der sowjetischen Gesellschaft ist, fehlt einem der Schlüssel zum historischen Verständnis für die Epoche Stalins, für die Entwicklungen danach und für die Bedeutung des jüdischen Problems im sowjetischen Leben. Denn es gibt Nationalisten und Antisemiten unter den Bauern und Arbeitern, in der Bürokratie und der Intelligenz, und ebenso findet man in all diesen sozialen Schichten Internationalisten und damit zugleich Feinde des Antisemitismus.

Jetzt kurz zu einer Episode Stalinscher Außenpolitik, die nicht nur seiner eigenen Haltung gegenüber den Juden, sondern der ganzen traditionellen Einstellung der Bolschewiki zum Zionismus zu widersprechen scheint.

Als Israel 1948 im Begriff war, sich als Staat zu etablieren, entstand die denkwürdige Situation, daß Russen und Amerikaner, die beiden großen Antagonisten, gemeinsame Sache machten. Gemeinsam schafften sie es, Großbritannien aus dem Nahen Osten zu verdrängen; gemeinsam spielten sie Geburtshelfer bei der Entstehung Israels.

Was immer sich Stalin davon versprochen haben mag, ihm verdankt Israel jedenfalls seine Existenz als selbständiger Staat. Das Waffenarsenal der *Haganá* stammte in erster Linie aus der stalinisierten Tschechoslowakei, aus den tschechischen Waffenfabriken. Mit diesen »anrüchigen« Waffen besiegten die Juden Palästinas die Briten und die Araber. Die westlichen Staatsmänner hielten den Beistand und die wirkungsvolle materielle Hilfe, die Stalin den Juden gewährte, für unheilvoll, das Bündnis stieß viele vor den Kopf und erzeugte ein erhebliches Maß an politischer Abneigung gegen die Juden.

Es folgte der Kalte Krieg. Noch ohne feste Fundamente, umgeben von einer feindseligen arabischen Welt, voller Sorge um seine Zukunft, abhängig von der Wirtschaftshilfe amerikanischer Juden, verbündete sich Israel faktisch, wenn auch nicht ausdrücklich, mit den Vereinigten Staaten. Das mußte geradezu die Feindschaft Rußlands provozieren. Als Golda Meir, die erste Botschafterin des neuentstandenen Staates, in Moskau eintraf, wurde sie von russischen Juden mit Jubel begrüßt, die ihre Solidarität mit Israel lautstark demonstrierten: Stalin, der diese ungewöhnliche Szene vielleicht von seinem Fenster im Kreml aus beobachtet hat, schloß daraus, die Juden seien unberechenbare Elemente; Israel habe sich als undankbar erwiesen (was in gewisser Weise stimmte), und auf die sowjetischen Juden könne man sich nicht verlassen. Die Möglichkeit eines Konflikts mit den USA oder gar eines Krieges zwischen Rußland und dem Westen vor Augen, begann er, die Juden zu verfolgen und sie als »Vaterlandslose«, als wurzellose Menschen und erneut als »Kosmopoliten« anzuprangern. Jeder Jude, hieß es hinter vorgehaltener Hand, habe einen Verwandten im Westen, meistens in Amerika. Konnte man sie als russische, vertrauenswürdige Patrioten gelten lassen? Konnte man sich absolut darauf verlassen, daß sie im Notfall treu zum Sowjetstaat stehen würden? So präsentierte sich damals zweifellos der stalinistische Standpunkt.

Analysiert man objektiv und nüchtern die Situation, so wie sie sich in der Atmosphäre des Kalten Krieges darstellt, muß man zugeben, daß solche Überlegungen, so fern sie mir liegen, doch nicht ganz jeder Logik entbehrten. Die Juden in Rußland hatten für Amerika und ihre dort ansässigen Verwandten gewissermaßen eine Schwäche. Man stellte sich zum Beispiel vor, amerikanische Truppen wären, wie die deutschen Truppen, in Rußland einmarschiert. Sie wären bei den einheimischen Juden wahrscheinlich auf große Sympathie und eine gewisse Bereitschaft zur Kollaboration gestoßen. Um diese Feststellung kommt man nicht herum. Aber Stalin hat sich, unsensibel, wie er war, nie die fundamentale Frage vorgelegt: Wie kommt es, daß es in Rußland viele Jahrzehnte nach der Revolution immer noch Menschen gibt, deren Loyalität zum sowjetischen System zweifelhaft ist? Und wenn sie wirklich »unzuverlässig« waren, trug dann nicht statt der Juden die Sowjetregierung die Verantwortung? Und selbst wenn sich Stalin diese Frage gestellt hätte, konnte er jemals zugeben, daß gerade seine Herrschaft, seine Pervertierung der Revolution daran schuld war? Furcht, Mißtrauen und Versagen liefen hier jedenfalls in einem kaum entwirrbaren Knoten zusammen. Jede politische Initiative entwickelte sich in Stalins Händen in die Richtung beispielloser Absurdität, Brutalität und Rücksichtslosigkeit. So mußte die ganze Welt das gemeine Spektakel mitansehen, als Stalin das sogenannte »Ärztekomplott« inszenierte. Am 3. Januar 1953 hieß es, neun Medizinprofessoren, die als Hausärzte der Kremlführer tätig waren, seien plötzlich verhaftet und ins Gefängnis geworfen worden. Man warf ihnen vor, einige ihrer hochgestellten Patienten vergiftet zu haben. Darüber hinaus hätten sie weitere Morde geplant, Anschläge auf sowjetische Marschälle und Generäle organisiert, um die Verteidigungsbereitschaft des Landes zu schwächen, und gleichzeitig im Auftrag und im Interesse der britischen und amerikanischen Geheimdienste wie der Jüdischen Internationalen Organisation (*Joint*) agiert. Es gab auch dunkle Hinweise auf weitere, unmittelbar bevorstehende Enthüllungen über Ausmaß und Verästelungen des »Komplotts« und über weitere Verbrechen der Verschwörer. Mancher Version zufolge sollte die Kampagne gegen die Juden dazu führen, sie alle aus ihren Wohnorten zu evakuieren und zwangsweise irgendwo im Fernen Osten oder Birobidjian neu anzusiedeln.

Wie so viele finstere und bösartige Pläne aus Stalins letztem Lebensjahr zerschlug sich auch dieser mit seinem Tode. Der Prozeß der Entstalinisierung begann. Als allererste Maßnahme erklärte die Regierung Georgi Malenkows, damals zugleich Erster Parteisekretär und Premier, das sogenannte »Ärztekomplott« für null und nichtig.

Mit Stalins Tod begann für die Sowjetunion eine neue Epoche. Und wieder wurde das Tauziehen zwischen Nationalismus und Internationalismus überdeutlich sichtbar. Auf Stalins Tod folgte eine Wendung gegen seine chauvinistisch-nationalistische und antisemitische Linie und hin zum Internationalismus. Das war aber bei weitem nicht der endgültige, entscheidende Triumph des Internationalismus, der den Nationalismus ein für allemal besiegt hätte. Jahrelang herrschte zwischen beiden Tendenzen ein prekäres Gleichgewicht, das sich mal in diese, mal in jene Richtung neigte und all die ungereimten und unsteten Entwicklungen hervorbrachte, die seitdem in der Sowjetunion zu beobachten sind. Das ganze Chruschtschow-Interregnum war durch eine zweideutige

Behandlung des jüdischen Problems gekennzeichnet. Der Antisemitismus der letzten Stalin-Jahre ist verschwunden. Die Gleichheit der Juden ist wieder hergestellt. Aber nach allem, was wir erfahren, gibt es noch einen ziemlich starken, verdeckten Antisemitismus. Eine durch und durch ehrliche Aufarbeitung des jüdischen Problems ist immer noch nicht in Sicht. Auf sie können wir erst hoffen, wenn alle anderen Probleme der großen und tragischen, der mitreißenden und abstoßenden russischen Vergangenheit und Gegenwart von den sowjetischen Führern, den sowjetischen Bürgern und allen Kommunisten aufrichtig und frei diskutiert und überprüft werden können.

Überreste einer Rasse

»Generalleutnant Sir Frederick Morgan, der Chef der UNRRA-Truppen[1] in Deutschland und ehemaliger stellvertretender Stabschef General Eisenhowers, sagte in Frankfurt, er habe einen Exodus von Juden aus Polen beobachtet: allesamt gut gekleidet, gut ernährt, gesund und ›die Taschen voller Geld‹. Allesamt, sagte er, erzählten sie die stereotype Geschichte von Drohungen, Pogromen und Grausamkeiten als Begründung dafür, warum sie Polen verlassen haben. Er wisse nicht, wer ihren Auszug finanziert bzw. Geld in die jüdischen Taschen gesteckt habe. Er glaube, daß eine ›Weltorganisation der Juden im Entstehen‹ sei und daß die Juden einen ›ausgearbeiteten Plan für einen zweiten Exodus‹ hätten – diesmal aus Europa.«

The Times, 3. Januar 1946

Diese Erklärung von Sir Frederick Morgan wirft ein Schlaglicht auf den heutigen Stand des jüdischen Problems in Europa. Bedauerlich nur, daß sich seine Erklärung und die empörten Reaktionen darauf der gleichen sensationslüsternen und melodramatischen Sprache bedienen. General Morgan hat sicher nicht ohne Grund von einem organisierten Plan für einen jüdischen Exodus gesprochen – der Beweis seiner Existenz ist in der Tat in Berlin zu besichtigen, in Gestalt von Tausenden von Juden, die fortwährend aus Osteuropa eintreffen. Hätte er sich darauf beschränkt, diese Tatsache festzustellen und nachdrücklich und dringend darauf hinzuweisen, welche Schwierigkeiten dieser »Exodus« für die alliierte Militärregierung in Deutschland und für die Juden selber mit sich bringt, niemand hätte etwas an dieser Erklärung aussetzen können. Vielleicht waren seine Worte tatsächlich als warnender Hinweis gemeint – was von seinen schärfsten Kritikern überhaupt nicht bedacht wurde. Wie auch immer, die Form dieser Warnung war äußerst unglücklich. Sie erweckt den Eindruck, als ob diese Juden, die Taschen voller Geld, den Trick wiederholen würden, den sie schon bei ihrem ersten Exodus gegenüber den Ägyptern angewandt haben, als sich – wie es im Alten Testament heißt – jeder Mann von seinem Nachbarn und jede Frau von ihrer Nachbarin Silberschmuck und Goldschmuck auslieh. Sie suggeriert außerdem, wieder einmal hätten sich die Juden über die normalen Hindernisse und Grenzen hinweggemogelt, das erstemal mit Begünstigung des Allmächtigen beim Zug durch das Rote Meer, jetzt mit Begünstigung der Russen beim Betreten der britischen Zone. Kurzum, sie unterstellte den Juden die schlimmsten Motive für eine Flucht, für die man viele ganz normale Gründe anführen kann.

Der Wunsch der europäischen Juden nach einem neuen Exodus ist unbestreitbar. Zionistische Organisationen, vor allem von der radikaleren Sorte, helfen ihm nach und versuchen, ihn zu beschleunigen, bevor die Überlebenden des europäischen Judentums in ihren alten Heimatländern von neuem Wurzeln schlagen. Sie tun dies in der Überzeugung, daß man den Juden auf keinen Fall gestatten wird, sich auf die Dauer wieder in ihrer alten Umgebung niederzulassen. Kurz und gut, ihre Einstellung beruht auf dem fundamentalen Zweifel an einem zukünftigen toleranten und zivilisierten Europa – ein Zweifel, der unglücklicherweise durch Fälle von gewaltsamem Antisemitismus auch jetzt noch bekräftigt wird. Auch wenn solche Fälle aufgrund der Angst und Panik der Juden übertrieben werden, lassen sie sich in keiner Weise bestreiten. Reisende aus Polen und dem Donauraum, Berichte in der Presse dieser Länder und offizielle Äußerungen lassen überhaupt keinen Zweifel daran, daß die Atmosphäre in Osteuropa noch immer von einem virulenten Antisemitismus verseucht ist.

Die Bedeutung dieser Frage reicht über den Morgan-Vorfall und auch über die verwaltungsmäßigen Schwierigkeiten hinaus, die der Zustrom jüdischer Flüchtlinge nach Deutschland der Militärregierung dort bereitet. Der Antisemitismus zeigt immer wieder einen akuten oder bevorstehenden Krankheitszustand der europäischen Zivilisation an. Sein Auf und Ab ist vielleicht der empfindlichste Index für die europäische Moral und politische Gesundheit. Der Jude war das erste Opfer einer Orgie von nazistischem Wahnsinn und Zerstörungswut, die dann den ganzen Kontinent ins Elend gestürzt hat. Man hätte annehmen sollen, die Juden könnten nach der Massenvernichtung der letzten Jahre zu Recht mit Sympathie und menschlichem Verständnis seitens ihrer Landsleute und der ganzen Welt rechnen. Die Tatsache, daß der Antisemitismus dennoch in Osteuropa um sich greift und in Westeuropa, wenn bisher auch nur latent, sicherlich zunimmt, ist deshalb ein um so alarmierenderes Symptom von sozialem und politischem Verfall.

Die Emanzipation der Juden vollzog sich im neunzehnten Jahrhundert im Gefolge des Mittelklassen-Liberalismus, der sich über ganz Europa ausbreitete. Gleiche Rechte für die Juden wurden zum ersten Male in der ganzen Geschichte christlicher Kultur im Jahre 1791 im Frankreich der Jakobiner proklamiert. »Laßt die Juden ihr Jerusalem in Frankreich suchen«, lautete Napoleons aufgeklärte Maxime. Sein Verhältnis zu den Juden war nicht gerade besonders zartfühlend, und politisch ging er eher leicht tyrannisch mit ihnen um. So, wenn er ernsthaft vorschlug, jeder dritte Jude oder jede dritte Jüdin sollte gezwungen werden, einen Christen zu heiraten. Aber seine Absicht, den Juden Wucher und Schwarzhandel abzugewöhnen, ihre Isolierung aufzuheben und sie dazu zu bringen, in der nichtjüdischen Bevölkerung aufzugehen, war ganz sicher vernünftig. Und – wer weiß – wenn sie einheitlich in ganz Europa ausgeführt worden wäre, würde das jüdische Problem womöglich längst der Vergangenheit angehören und unserer Generation wäre die unauslöschbare Schande erspart geblieben mitanzusehen, wie sechs Millionen Menschen in Konzentrationslagern und Gaskammern vorsätzlich umgebracht wurden.

Die Emanzipation der Juden war in großen Teilen Deutschlands ein Nebenprodukt der Eroberung durch Napoleon. Der Sieg der Reaktion auf dem Kontinent – im Zeichen der Heiligen Allianz – beraubte die Juden der meisten ihrer gerade erworbenen Rechte. Für einzelne Juden wurde die Taufe jetzt abermals zum Entreebillet in die europäische Kultur, bis der »Frühling der Völker« von 1848 der Judenemanzipation, zumindest in Westeuropa, einen neuen starken Auftrieb gab. Diese war so eng mit der Verbreitung des Mittelklassen-Liberalismus verbunden – wenn auch nicht notwendigerweise mit der Existenz strikt liberaler Regierungen –, daß dort, wo der Einfluß dieses Liberalismus nicht wirksam wurde, die Juden niemals Gleichberechtigung erlangten. Die Macht der Mittelklassen und ihrer liberalen Ideen nahm in Europa von Westen nach Osten ständig ab. Die nichtjüdischen Mittelklassen Rußlands, Polens und Rumäniens (der Länder, in denen die Masse des europäischen Judentums lebte) waren selber zu schwach und steckten zu tief in feudaler Rückständigkeit und rassischen Vorurteilen, als daß sie sich für die Rechtsgleichheit der Juden eingesetzt hätten, die ihre Konkurrenten waren. Was der bürgerliche Liberalismus in Westeuropa durchsetzte, konnte für sie in Osteuropa nur der Bolschewismus durchsetzen. Zugegeben, die Bolschewiki haben den Juden nicht erlaubt, weiterhin Kapitalisten oder »unproduktive Elemente« zu bleiben, gaben ihnen aber ansonsten volle Rechtsgleichheit.

Gerade in Polen und Rumänien mit ihren vier Millionen Juden hatte sich das jüdische Problem vor dem Krieg am deutlichsten zugespitzt. Der Antisemitismus war dort eine viel verbreitetere Bewegung als in anderen Ländern, Deutschland inbegriffen. Er verkörperte die unterschiedlichsten Stimmungen und Motive: die Mißgunst der unterentwickelten polnischen Mittelklassen gegenüber ihren jüdischen Rivalen und Konkurrenten; den Sozialismus des Ungebildeten und besonders des *Deklassierten*, für den die Juden eine finstere und geheimnisvolle kapitalistische Macht waren; den tiefverwurzelten religiösen Haß auf die Juden als die »Feinde Christi«, und schließlich die Angst aller Regierungen vor der Ausbreitung des Kommunismus in der großen Masse völlig verarmter jüdischer Handwerker und echter Paupers. Die nichtjüdische Arbeiterklasse und die Bauernschaft blieben für antisemitische Propaganda alles in allem unempfänglich. Aber gleichzeitig mieden sie die Juden und verhielten sich deren Schicksal gegenüber mehr oder weniger gleichgültig. Dieser trennende Graben zwischen Juden und Nichtjuden war zumindest teilweise für die gespenstische Passivität und Gleichgültigkeit verantwortlich, mit der die Masse der Nichtjuden dem apokalyptischen Gemetzel unter den Juden zusah.

Und das ist noch nicht einmal das ganze Bild. Das Grab der jüdischen Mittelklasse wurde in Osteuropa zur Wiege einer neuen nichtjüdischen Mittelklasse. Auf dem Höhepunkt des Gemetzels schrieb eine polnische Zeitung: »Die Nazis lösen das jüdische Problem zu unseren Gunsten auf eine Art und Weise, wie wir es niemals hätten lösen können.« Jüdische Läden, Häuser, Wohnungen und persönliche Habe wurden von nichtjüdischen Polen, Rumänen und Ungarn übernommen. Wer da profitierte, waren die verkommensten, gierigsten und gewissenlosesten Elemente dieser Nationen – ein Lumpenproletariat, das über Nacht zur Lumpenbourgeoisie wurde. Die Totenscheine der ermordeten Juden waren ihre einzig gültigen Handelslizenzen. Diese »neuen Mittelklassen« leiden ohne jeden Zweifel unter einem Schuldkomplex, der sie in einen äußerst reizbaren und aggressiven Zustand versetzt. Angespannt und ängstlich prüfen sie die Gesichter der wenigen Juden, die jetzt nach Hause zurückkehren. Ist der rechtmäßige Ladenbesitzer wieder da? Sein Kind oder ein Verwandter? Je größer die Not in Osteuropa, desto wilder die Jagd nach materiellen Gütern, desto verzweifelter und rücksichtsloser die Entschlossenheit dieser grausamen »Mittelklasse«, sich an diesem Besitz festzukrallen. Zu neun Zehnteln wird ihr Handeln von Besitzgier diktiert, das restliche Zehntel macht ein zoologischer Antisemitismus. Seinen frisch erworbenen Reichtum und darüber hinaus seine Nerven und seine erschlichene Respektabilität kann sich dieser neue »Mittelstand« nur dadurch erhalten, daß er die überlebenden Juden auch noch ausräuchert.

Dies ist sicherlich die krankhafteste Erscheinung im heutigen Leben Osteuropas. Wehe, wenn diese Hyänen-Klasse in Osteuropa zur herrschenden werden sollte! Die dunkleren Seiten der heute russisch kontrollierten Regimes werden verblassen neben den Grausamkeiten, die weniger den Juden – denn sie haben wenig zu verlieren – als den Völkern

Osteuropas von dieser Klasse blühen könnten. Aus dieser Klasse besteht in all diesen Ländern der harte Kern der antirussischen Opposition. Ihre Leute stellen die Kader der verschiedenen Terror-Organisationen und stehen als die brutalsten und entschiedensten Träger einer osteuropäischen Konterrevolution Gewehr bei Fuß. Die jüngsten Ausbrüche antisemitischer Gewalt sind nur Vorboten einer ganz anderen Gewalt, die vielleicht einmal den Frieden in jenem Teil der Welt bedrohen wird.

Was hat die zivilisierte Welt unterdessen den Überlebenden von Bergen-Belsen, von Auschwitz, Dachau und Majdanek zu bieten? Nach dem ersten Weltkrieg bot dies den Juden zweierlei Hoffnung: die Balfour-Deklaration über eine jüdische Heimstatt in Palästina und den Minderheitenschutz durch den Völkerbund. Der Minderheitenschutz hat sich als ein bloßer Fetzen Papier erwiesen. Der Plan einer jüdischen Heimstatt traf – wie leicht vorauszusehen auf die überwältigende Opposition der arabischen Welt. Ist es denkbar, daß die großen demokratischen Nationen dieser Welt mittlerweile so hilflos geworden sind, daß sie den Juden nirgendwo auf dem Erdball einen Streifen Land anbieten können oder einige hunderttausend Visa, um in ihre Länder einzureisen? Oder sind sie etwa so arm geworden, daß sie keine Geste der Barmherzigkeit mehr übrig haben für die elendesten Hinterbliebenen und Opfer dieses Krieges – die Überreste eines außergewöhnlichen, eines unglücklichen, aber doch nicht völlig unbedeutenden Volkes?

Israels geistiges Klima

Was ist ein Israeli, und was ist ein Jude? In Israel ist dies eine vieldiskutierte Frage, denn das Verhältnis zwischen Israel und den Juden in der Welt ist für den jungen Staat offensichtlich von großer Bedeutung. Viele Zionisten glauben an *Kibbutz Galuioth,* die Rückkehr und Zusammenführung der Juden aus allen Ländern der Diaspora. In ihren Augen befindet sich jeder außerhalb Israels lebende Jude praktisch im Exil; er ist Israel verpflichtet, und letzten Endes besteht seine Pflicht darin, israelischer Staatsbürger zu werden. Andererseits haben die jungen Israelis, insbesondere die im Lande geborenen und aufgewachsenen *Sabras,* kein Gefühl der »Zugehörigkeit zum Weltjudentum«, und folglich gehört für sie das »Weltjudentum« auch nicht zu Israel. Einige von ihnen betonen sogar, sie seien Israelis und keine Juden.

Diese Unterscheidung ist vielleicht nicht völlig aus der Luft gegriffen. Israel hat etwas Unjüdisches an sich: die Bauern, die mit der Wüste kämpfen und sie Meter für Meter in Weinberge und Olivenhaine verwandeln; die Soldaten, die die Araber auf der anderen Seite der Grenze kaltblütig beobachten; das allgemeine Staatsbewußtsein und die Zähigkeit, mit der die Menschen ihren Staat gegen die Außenwelt verteidigen wollen.

»Fühlen Sie nicht, daß wir Juden hier unsere Wurzeln haben?« wird der Besucher gefragt. Die Worte »Wurzeln« und »Wurzellosigkeit« kommen in Gesprächen sehr häufig vor. Ehemalige Insassen von Nazi-Konzentrationslagern, Menschen, die unter dem alten polnischen Antisemitismus gelitten haben, die Opfer der rumänischen Eisernen Garde, sie alle haben das Gefühl, endlich zu Hause und in Sicherheit zu sein. Und sie empfinden darüber Befriedigung, Erleichterung und Stolz.

Allzuoft jedoch klingen einem die schrillen Töne eines nationalistischen Mystizismus unangenehm im Ohr, eines Mystizismus, der nicht frei ist von dem alten Rassendünkel des »auserwählten Volkes« und der sich mit dem nüchtern rationalistischen Element im jüdischen Denken schwer in Übereinstimmung bringen läßt. Aber schließlich ist Israel das Land des *Zohar,*[1] der zweiten Bibel der Mystik, und die Heimat der *Kabbalisten,* die inmitten der bunten Felsen des nahen Safed ihren Visionen freien Lauf gelassen haben … Jedenfalls hat die Intensität des nationalistischen Gefühls, das sich in Gesprächen mit Israelis, und zwar vom Ministerpräsidenten bis hinunter zum Straßenarbeiter, einschleicht, etwas Beunruhigendes.

Bitter äußert sich Ben Gurion zu mir über nicht-zionistische Juden: »Sie haben keine Wurzeln, sie sind *wurzellose Kosmopoliten.* – Es gibt nichts Schlimmeres.« Ich erwidere, genau das hätten noch vor kurzem Stalins Propagandisten von den Juden behauptet. Er wehrt mit beiden Händen ab: »Nein, nein. Als Ministerpräsident dieses Landes habe ich immer darauf bestanden, daß sich die Israelis als Weltbürger fühlen müssen, um ihrem eigenen Staat wirklich vollwertig zu dienen. Ich ziehe nicht über Kosmopolitismus her, wie man es in Moskau getan hat.«

So argumentiert Ben Gurion natürlich nur bei genauerem Nachdenken. Instinktiv verurteilt und denunziert er alle diejenigen nicht-zionistischen Juden, für die ihre »Zugehörigkeit zum Judentum« nicht der zentrale Gedanke und ein beherrschendes Gefühl ist. Macht man ihn jedoch auf die

Übereinstimmung zwischen seinen Worten und der stalinistischen Propaganda (aus der Zeit der »Ärzteverschwörung«) aufmerksam, wird er rot vor Verlegenheit und korrigiert sich.

In Israel hat das älteste Volk der Welt den jüngsten Nationalstaat gebildet und ist hektisch bemüht, die verlorene Zeit aufzuholen. Für fast alle hiesigen Juden erfüllt sich das Ideal ihres individuellen und kollektiven Glücks in der Errichtung eines dauerhaften, schützenden nationalen Gehäuses. Das bedeutet, die Diaspora abzuschütteln, die Erinnerungen und Gewohnheiten, Geschmack und Gerüche des Exils – des tausendjährigen Exils. Das heißt, Klima, Landschaften, Melodien und Sprachen vieler Länder zu vergessen: Polens, Rußlands, Litauens, Österreichs, Marokkos, der Türkei und des Irak. Was für ein komplexer und vielschichtiger Prozeß psychologischer Selbstverwurzelung im Gefolge des tragischen Vorgangs physischer Verpflanzung. Tatsächlich hat die überwältigende Mehrheit dieser Generation in Israel keine Wurzeln geschlagen, und sie kann es auch gar nicht. Israel ist der Staat der verpflanzten Menschen; gerade deshalb wird soviel über »Wurzeln schlagen« gesprochen.

Sie wollen um alles in der Welt von ihrer Vergangenheit loskommen und alle Zeichen der Schmach, alle Stigmata der Schande, alle gelben Male aus ihrer Erinnerung verbannen, die der Judenhaß jemals erfunden hat. Verzweifelt versuchen sie sogar, Teile ihres eigenen Denkens aus ihrem Kopf zu verbannen. Einige Israelis z.B. schämen sich fast krankhaft des Jiddischen, der Sprache ihrer Wiegenlieder und biblischen Kindergeschichten, des »Jargons«, der in Osteuropa vor der jüdischen Katastrophe eine erstaunlich reiche Literatur hervorbrachte. An Bord eines israelischen Schiffes oder in Tel Aviv wende ich mich an einen Fremden und frage, in welcher Sprache er angeredet werden will. Häufig lautet die Antwort:

Deutsch, nur selten Jiddisch. Aber sobald der Fremde seinen Mund öffnet, wird klar, daß er Jiddisch spricht – von richtigem Deutsch hat er fast keine Ahnung. Zugeben wird er es trotzdem nicht: Jiddisch ist der sprachliche »Gelbe Stern«, mit dem er nichts mehr zu tun haben will.

Diese Einstellung gegenüber dem Jiddischen war allerdings für den Zionismus schon lange vor Hitler bezeichnend. Von Anfang an hat der Zionismus die Renaissance des Hebräischen angestrebt. Das hat etwas Snobistisches an sich, ganz so, als ob die Griechen oder Italiener versuchen würden, ihre moderne Sprache aufzugeben und zum klassischen Griechisch oder Latein zurückzukehren. Der Zionismus hat im Judentum immer einen Märchenprinzen gesehen, der für eine lange Zeit zum Leben in Armut verurteilt war, eines Tages aber in sein Königsschloß zurückkehrt, die schmutzigen grauen Lumpen seiner peinlichen Verkleidung abwirft und sich in sein königliches Gold und Purpur kleidet. Genauso legt das Judentum auf der Schwelle nach Israel die Lumpen des Jiddischen ab, um sie gegen Gold und Purpur des Hebräischen einzutauschen.

»Wann werden Sie endlich Ihre Bücher in Hebräisch statt in Englisch schreiben?« fragt mich Ben Gurion mit suggestiver Selbstsicherheit – er geht davon aus, jeder jüdischstämmige Schriftsteller müsse sich der hebräischen Literatur Israels moralisch verpflichtet fühlen.

Diese israelisch-hebräische Anmaßung zielt darauf ab, all die ungleichartigen Elemente Israels zu einer einzigen Nation zusammenzuschweißen und dieser Nation eine geistige und kulturelle Einheit zu verleihen. Hinter dieser Anmaßung verbirgt sich jedoch auch das Heimweh der Juden nach Land und Kultur ihrer Kindheit und Jugend, und diese Nostalgie äußert sich gelegentlich in sehr edlen Formen.

Fast jedes Schaufenster einer israelischen Buchhandlung erzählt von dieser Nostalgie – fast jedes dieser Fenster ist ein intellektuelles jüdisches Klagelied. Die Buchhandlung ist ein äußerst wichtiger Bestandteil des Lebens in Israel, hier sind die Juden *Am HaSefer* – das »Volk des Buches« – geblieben. Hier ist das Buch ein unmittelbares Bedürfnis, und in Tel Aviv, Haifa oder Jerusalem gibt es auf den ersten Blick so viele Buchhandlungen und Leihbüchereien wie Lebensmittel- und Gemüseläden. Und in den ländlichen Siedlungen sind die Büchereien so reichhaltig ausgestattet, wie man es auf dem Lande sonst kaum irgendwo antreffen dürfte.

Und die Regale sind nicht gefüllt mit Mord- und Sex-Geschichten, mit Comic Strips oder billigen Bestsellern, sondern mit den großen und bedeutenden Werken der Dichter, der Denker aller Nationen. Man findet sie hier in hebräischer Übersetzung und in ihren Originalsprachen. Im Fenster eines Buchladens in einer ziemlich kleinen Gasse steht beispielsweise eine sorgfältig edierte Goethe-Ausgabe auf Deutsch, eine neue hebräische Übersetzung von Heines *Buch der Lieder,* neue israelische Ausgaben von Gogol und Puschkin, eine hebräische Freud-Übersetzung, eine Auswahl von Walt Whitmans Gedichten und eine neue hebräische Übersetzung von Mickiewicz' *Pan Tadeusz,* dem polnischen Nationalepos, sowie einige ungarische und rumänische Romane. Jede Einwanderergruppe scheint darauf bedacht zu sein, ihren in Israel aufwachsenden Kindern die künstlerischen Erlebnisse und literarischen Aufregungen der eigenen Kindheit und Jugend weiterzugeben. Ein ehemaliger Anwalt aus Leipzig führt seinen Sohn in alle Feinheiten von Nietzsches Stil ein. Für eine polnische Jüdin ist es undenkbar, ihre Tochter ohne die Lektüre der sozialpatriotischen Romane von Zeromski aufwachsen zu lassen; und ein alter Jude aus Odessa diskutiert mit seinem Enkel über die Tiefgründigkeit der *Brüder Karamasow*.

Heinrich Heine schrieb einmal, die Juden hätten, als sie aus ihrem Land vertrieben wurden, all ihren Besitz zurückgelassen und nur eines ins Exil mitgenommen – die Bibel. Dieses »Phantom eines Volkes« hielt Jahrhunderte hindurch Wache über das Buch der Bücher, die Bibel, und bewahrte sie auf für den Rest der Menschheit. Dieses »Phantom« nimmt jetzt wieder die Gestalt einer Nation an, und mit seiner Rückkehr bringt es die großen Werke aller Nationen der Welt heim an die Ufer des Jordans und in die Berge von Judäa.

Der Staat Israel ist vor allem das Werk der Juden Osteuropas, insbesondere der aus Rußland, Polen und Litauen. Aus ihren Reihen stammen beinahe alle Vorkämpfer des Zionismus, beinahe all seine frühen Führer, Sprecher, Staatsmänner und Pioniere, ausgenommen Herzl und Nordau. Als der Judenstaat 1948 ausgerufen wurde, machten Juden russischer und polnischer Herkunft ungefähr die Hälfte seiner Bevölkerung aus.

Gerade in den osteuropäischen Ghettos pulsierte das alte jüdische Leben am stärksten, dort träumten die Juden die Träume Zions am intensivsten. Wenn sie sich alljährlich zum Pessach-Fest mit dem traditionellen *Leschono habooh b'Jiruscholoim* – »Nächstes Jahr in Jerusalem« – begrüßten, hatte der Gruß hier einen ganz anderen Klang als unter den Juden in Westeuropa oder Amerika. Die Entwicklungen, durch die sich vor dem Aufstieg des Nazismus französische, britische, italienische und deutsche Juden »assimilierten«, haben in Rußland und Polen kaum stattgefunden. Dort lebten die Juden in großen Massen eng beieinander, sie hatten ihre eigene einheitliche Lebensform, und die

Absorptionskraft der slawischen Kulturen war ohnehin zu schwach, um sie aufzusaugen und zu assimilieren. Osteuropa war deshalb das jüdische Gebiet *par excellence*, und nicht umsonst wurde Wilna das »Jerusalem Litauens« genannt. Was Wunder, daß Israel, wie ein Jude westeuropäischer Herkunft es ausdrückte, eine »geistige Kolonie des osteuropäischen Ghettos« ist?

Doch das osteuropäische Ghetto war im Innern selbst gespalten gewesen; es hatte gegen sich selbst revoltiert, gegen seine eigene Orthodoxie und Tradition wie gegen seine Umwelt. Diese Revolte verkörperte sich in zwei konkurrierenden Formen, im Zionismus und im revolutionär-marxistischen Sozialismus.

Während im Westen Sozialismus, Liberalismus und Zionismus sich gegenseitig mit Wohlwollen begegneten, standen sie in Osteuropa in erbitterter Konkurrenz zueinander um die Loyalität der jüdischen Massen. Dort gab es stets eine tiefe Kluft zwischen zionistischen und antizionistischen Juden. Der Antizionist drängte die Juden, ihrer nichtjüdischen Umwelt zu vertrauen, den »progressiven Kräften« in dieser Umwelt zum Durchbruch zu verhelfen und darauf zu setzen, daß diese Kräfte die Juden erfolgreich gegen den Antisemitismus verteidigen würden. »Die soziale Revolution wird den Juden Gleichheit und Freiheit geben, deshalb brauchen sie keinen zionistischen Messias«, lautet das Standardargument von Generationen linksgerichteter Juden. Die Zionisten, auf der anderen Seite, gingen beharrlich von einem tiefsitzenden Haß der Nichtjuden gegenüber den Juden aus und drängten diese, sich für ihre Zukunft auf nichts und niemand zu verlassen als auf ihren eigenen Staat. In dieser Auseinandersetzung hat der Zionismus einen furchtbaren Sieg errungen, einen Sieg, den er weder wünschen noch erwarten konnte: Sechs

Millionen Juden mußten in Hitlers Gaskammern umkommen, um Israel ins Leben zu rufen. Es wäre besser gewesen, Israel wäre ungeboren geblieben, und die sechs Millionen Juden wären noch am Leben – aber wer kann den Zionismus und Israel dafür verantwortlich machen, daß es anders gekommen ist? Israel ist mehr als eine geistige Kolonie der osteuropäischen Ghettos. Es ist ihr großer, tragischer, nachgeborener Abkömmling, der mit atemberaubender Vitalität um sein Überleben kämpft.

Der osteuropäische Zionismus war implizit anti-revolutionär. Nichtsdestoweniger atmete er die Luft der russischen Revolution, die Luft dieser breiten revolutionären Gedankenbewegung, die der bolschewistischen Revolution voranging und mit dieser Revolution ihren Höhepunkt erreichte. Sie hinterließ im Zionismus unauslöschliche Spuren.

Der junge Jude, der in Kiew, Odessa und Warschau den russisch-polnischen revolutionären Ideologien mißtraute und sich nach einer Zukunft als Pionier für den jüdischen Staat in Palästina sehnte, war in der Regel hypnotisiert von eben diesen Ideologien, vor denen er floh; und er erkannte das erst, nachdem er in Palästina angekommen war. Er kam nach Palästina mit den Krumen vom Tisch der russischen Revolution; und diese Krumen verwendete er als Saatgut in den geheiligten Wüsten von Galiläa, Samaria und Judäa.

In der neuen imponierenden Zentrale der Histadruth[2] in Tel Aviv fühlen sich einige der Funktionäre wohler, wenn sie Russisch sprechen als irgendeine andere Sprache, obwohl sie vor über dreißig Jahren aus Rußland ausgewandert sind. Ben Gurion läßt, kaum hat er mich begrüßt, einen Vortrag über die russische Revolution vom Stapel. Offensichtlich ist er von dem Thema fasziniert. »Ein Mann hätte die Welt retten können, aber leider hat er seine Chance verpaßt. Der Mann war Lenin.« Ben Gurion ist eher ein polnischer als ein russischer Jude; aber mit diesem naiven Ausspruch zollt er der russischen Revolution unbewußt seinen Tribut.

Mordechai Namir, Generalsekretär der Histadruth, antwortet auf die Frage nach dem leitenden Organisationsprinzip der Histadruth im Brustton der Überzeugung: »Hier herrscht das Prinzip des demokratischen Zentralismus – das ist Ihnen nicht bekannt?« Der demokratische Zentralismus ist im strengen Sinne natürlich keine russische oder bolschewistische Erfindung – Russen und Bolschewiki übernahmen ihn aus Westeuropa. Nach Israel und in die Histadruth kam er jedoch aus Rußland.

In Israel gibt es auffallende Gegensätze zwischen arm und reich. Die Kluft zwischen den Schuppen eines Notaufnahmelagers für mittellose Einwanderer und den luxuriösen Villen und Hotels auf dem Berg Carmel ist wirklich riesengroß. Aber ein ausgeprägtes Gefühl der Scham über diese Gegensätze ist weit verbreitet, ein Gefühl, das wir aus dem Rußland Tolstois und Tschechows kennen. In der Arbeiterklasse lebt etwas von dem egalitären Geist, der in der Sowjetunion aufblühte, bevor er vom Stalinismus ausgerottet wurde. Die Gewerkschaften betreiben eine quasi-egalitäre Lohnpolitik. Die Löhne gelernter und ungelernter Arbeiter, Büroangestellter, Akademiker und Beamter liegen verhältnismäßig wenig auseinander; und so mancher beschwert sich, daß der Mangel an materiellem Anreiz Israels wirtschaftlichen Aufstieg behindere. Der Kibbutz, die ländliche Kommune, ist der Inbegriff des israelischen Egalitarismus. Er ist zugleich das wichtigste Merkmal der moralischen und intellektuellen Landschaft Israels. Der Kibbutz entspringt indirekt einer Idee der russischen *Narodniki,* der Volkstümler. Was sich in den jüdischen Oasen, die über die frühere arabische Wüste verstreut liegen, zu verwirklichen scheint, ist nichts anderes als ein *Narodniki*-Traum vom bäuerlichen Sozialismus.

Die *Narodniki* verkündeten ihren bäuerlichen Sozialismus in der zweiten Hälfte des vorigen Jahrhunderts, als Rußland noch keinerlei moderne Industrie besaß; und die »Liebhaber Zions«,[3] die Vorläufer des modernen Zionismus, kamen aus Rußland nach Palästina, bevor das Utopia der *Narodniki* völlig verblaßt war. Die nächste *Aliyah* (Einwanderungswelle) kam nach der Niederlage der russischen Revolution von 1905/06; und Mitglieder dieser *Aliyah* gründeten einige der bedeutendsten und schönsten Kibbutzim Galiläas bei Tiberias und in den Bergen Judäas, nahe Jerusalem. Die nächste Phalanx von Einwanderern rückte nach der Oktoberrevolution an. Die reichen russischen Juden, die durch ihre Auswanderung einen Teil ihres Vermögens retten konnten, ließen sich in Berlin, Paris oder London nieder. Diejenigen, die nach Palästina kamen, wollten nur ihren Traum vom jüdischen Staat retten.

In der Phase der Neuen Ökonomischen Politik (NEP) ermutigte Lenins Regierung in Rußland einige idealistische Bauern und Parteiintellektuelle, freiwillige experimentelle Landkommunen zu bilden, die als »Versuchslabors der Zukunft« gefördert wurden und nicht zu verwechseln sind mit der kollektiven Landwirtschaft der Stalin-Ära. An diesen frühen russischen Kommunen orientierten sich die neuen Kibbutzim in Israel. Aufgebaut wurden sie von Jungen und Mädchen, die ihr Elternhaus verließen und sich radikalen zionistisch-sozialistischen Organisationen wie dem *HaSchomér Hatza'ir*[4] anschlossen, nicht um den Klassenkampf aufzunehmen, sondern um die Sümpfe des Emek[5] und Huleh trockenzulegen und die Hänge von Carmel und Samaria mit dem Grün von Weinbergen und Obstgärten zu überziehen.

Soziologisch gesehen ist der Kibbutz eine einzigartige Institution. Seine Vorgeschichte reicht noch weiter zurück als bis zu den alten russischen Volkstümlern. Man könnte sie in Fouriers Entwurf der *phalanstères,*[6] in den Versuchskooperativen von Robert Owen und in anderen höchst klugen und verschrobenen Plänen aus dem klassischen Zeitalter des utopischen Sozialismus wiedererkennen. Darin den utopischen Sozialisten gleich, hofften die Kibbutzgründer den Sozialismus mehr durch ihr persönliches Vorbild als durch eine systematische revolutionäre Umwälzung der bestehenden Gesellschaft durchzusetzen, und zufällig bestand in der palästinensischen Wüste auch keine Gesellschaft. Die Luftschlösser der utopischen Sozialisten stürzten normalerweise ebenso schnell wieder ein, wie sie errichtet worden waren. Der Kibbutz ist im wahrsten Sinne des Wortes auf Sand gebaut, aber er hat sich als viel solider erwiesen. Der älteste Kibbutz wird demnächst sein fünfzigjähriges Jubiläum feiern, und es gibt viele andere, die zwanzig und dreißig Jahre alt sind und es allmählich zu etwas gebracht haben.

Wer noch keinen Kibbutz gesehen hat, kann sich kaum vorstellen, wie kühn und originell die Idee und ihre Ausführung sind. Ein Kibbutz hat in der Regel einige hundert Mitglieder, die in kleinen, zuweilen sehr geschmackvoll gebauten und eingerichteten Wohnungen leben. Gegenüber den Reihen weißer, von Blumenbeeten eingefaßten Bungalows liegen die gemeinsamen Speiseräume, die Bibliotheken, Schulen, Ärztestationen und andere gemeinschaftliche Versorgungseinrichtungen, dazu die Werkstätten und Geräteschuppen am Rande der Siedlung. Die Arbeitsteilung zwischen den Kibbutzmitgliedern ist freiwillig und verfeinert sich zusehends mit dem Fortschritt der landwirtschaftlichen Technologie. In einigen Kibbutzim gibt es zusätzlich recht große Fabriken. Für Mitglieder unter fünfzig Jahren beträgt die Arbeitszeit neun Stunden, für ältere vier. Zeigt ein Mitglied künstlerische oder wissenschaftliche Neigungen, kann der Vorstand der Kommune seine Arbeitszeit auf dem Felde verkürzen oder ihn für ein Jahr freistellen.

Die Entlohnung ist für alle gleich. Lebensmittel, Kleidung, Mobiliar, Medikamente, Zigaretten, Bücher (sogar Gemälde oder künstlerische Reproduktionen) werden aus einem gemeinsamen Fonds verteilt – »jedem nach seinen Bedürfnissen«. Jedes Mitglied erhält ein paar Pfund als Taschengeld. Der Lebensstandard im Kibbutz hängt von der Größe des gemeinsamen Fonds ab, d.h. von dem Wohlstand, der im Laufe der Zeit erreicht wurde, von der aktuellen Arbeitsproduktivität und von dem Gewinn, den die Vermarktungsorganisation aus dem Verkauf des Produktionsüberschusses außerhalb des Kibbutz erzielt.

Mit großem Mut werden kommunistische Grundsätze auch auf die Erziehung der Kinder angewandt. Diese wachsen im Kibbutz heran, leben jedoch in ihren eigenen Wohnungen und verbringen lediglich ein paar freie Stunden am Abend mit den Eltern. Mir ist aufgefallen, daß Kibbutzmitglieder sich so an die gemeinschaftliche Erziehung der Kinder gewöhnt haben, daß sie ganz natürlich und unbefangen über alle Kinder ihres Kibbutz wie über ihre eigenen sprechen.

In gewisser Weise ist der Kibbutz eine Kombination von Pfadfinderlager und Benediktinerkloster, heiterer gemacht durch das Fehlen von Zwangsdisziplin wie durch sinnvolle und entspannte menschliche Beziehungen. Kibbutzmitglieder haben allen Grund, auf ihre Moral stolz zu sein, und sind sich dessen auch voll bewußt. Sie berichten, wie während des Krieges der sowjetische Gesandte in Israel und sein Stab viele Kibbutzim im Lande besuchten, um sie mit den sowjetischen

Agrar-Kollektiven zu vergleichen.[7] Es kann kaum verwundern, daß der Vergleich zuungunsten der sowjetischen *Kolchosen* ausfiel, die mit rückständigen, trägen und eingeschüchterten *Muschiks* angefangen hatten, während die Kibbutzim mit der Hingabe und dem Mut idealistischer Intellektueller und Arbeiter aufgebaut worden waren. Einmal bat der sowjetische Vertreter nach dem Besuch der modernen Molkerei, der Schule, der Kibbutzbibliothek (die aus dem Bücherschatz von zwanzig deutschen Universitätsprofessoren bestand), der Theatergruppe usw., ihm das Kibbutzgefängnis vorzuführen.

»Hier gibt es kein Gefängnis«, war die Antwort. »Unmöglich!« staunte der Diplomat. »Wie um Himmels willen werden Sie mit Verbrechern und Gesetzesbrechern fertig?«

Die Kibbutzmitglieder versuchten zu erklären, sie hätten bislang noch nicht mit Gesetzesübertretungen zu tun gehabt, die eine so schwere Strafe erforderten. Und das sei nur natürlich: Die Mitglieder würden sehr sorgfältig ausgewählt; sie seien Männer und Frauen mit hoher sozialistischer Moral; die Unzufriedenen könnten wieder gehen; und in extremen Fällen könnte der Kibbutz ungeeignete Mitglieder ausschließen. Obwohl gerade dieser Kibbutz der pro-stalinistischen Mapám-Partei unterstand, wollte der sowjetische Gesandte nicht glauben, was er gehört hatte, und meinte: »Eine Gemeinschaft von einigen hundert Menschen kann nicht ohne Gefängnis auskommen.«

Der Russe konnte seine Ungläubigkeit nicht verbergen und ließ durchblicken, er halte es für einen guten Witz, daß auch einmal Juden einem Russen ihr Potemkinsches Dorf vorführten.

In den Kibbutzim leben heute jedoch nur rund siebzigtausend Menschen, nicht mehr als fünf Prozent der israelischen Bevölkerung. Es ist Israels Gründergeneration. Ihr Einfluß ist bei weitem größer als ihre Anzahl. In den Städten trifft man viele Leute, die einmal einem Kibbutz angehörten und die auf seine idealistische Anziehungskraft noch immer ansprechen; viele Städter legen Wert darauf, ihre Kinder auf die für ihre ultramodernen Erziehungsmethoden berühmten Kibbutzschulen zu schicken.

In der Zeit des britischen Mandats war die Bedeutung des Kibbutz für das Leben in Palästina erheblich größer als jetzt. Die jüdische Bevölkerung war damals viel kleiner. Es gab keinen jüdischen Regierungsapparat, keine jüdische Armee, Polizei oder Justiz, also stellte der Kibbutz mit seiner festen Organisation, seiner hohen Moral und Disziplin so etwas wie einen jüdischen Schattenstaat dar. Viele Regierungsbeamte und Offiziere von heute stammen aus dem Kibbutz und sind in der Regel auch Mitglieder ihrer Gemeinschaft geblieben. Einige versuchen sogar, den Staatsdienst mit der Arbeit im Kibbutz zu verbinden. Dies ist nur aufgrund der räumlichen Enge des Staates und des leicht tribalistischen Charakters der israelischen Gesellschaft möglich. In einem Kibbutz entdeckte ich beispielsweise einen Traktoristen, der früher israelischer Botschafter in Prag und Budapest gewesen war. In einem anderen zeigte man mir einen großen, starken, braungebrannten und barfüßigen Schäfer (Michelangelos David fast aus dem Gesicht geschnitten), der seine Schafe bei Sonnenuntergang von den Feldern heimtrieb, und ich erfuhr, daß er einer der Befehlshaber der israelischen Armee während des »Unabhängigkeitskrieges« von 1948 gewesen war.

Der Kibbutz ist zwar immer noch Israels moralisches Kräftereservoir, aber seit einiger Zeit hat er eine Krise durchzumachen. Er wird von dem neu entstandenen Staat beiseite gedrängt und von dem Strom der Neueinwanderer überschwemmt. Die Pioniere des Zionismus teilen das traurige

Los so vieler anderer Pioniere: Sie werden von ihren eigenen Erfolgen besiegt. Die Bevölkerung Israels hat sich seit 1948 mehr als verdoppelt. Die Neuankömmlinge sind nicht wie die Idealisten der frühen *Aliyot*: Sie sind die überlebenden Wracks der Konzentrationslager, das Strandgut, das von den europäischen Juden übriggeblieben ist, und sie sind die Massen orientalischer Juden, die vor Haß und Vergeltung der Araber geflüchtet sind. Vielen Einwanderern sind die Ideale der zionistischen Gründergeneration fremd und unverständlich. Ein kleiner baufälliger Trödelladen oder ein Zigarettenkiosk irgendwo in der Stadt erscheint ihnen tausendmal erstrebenswerter und solider als alle kollektivistischen Wunder des Kibbutz – und selbst als sein relativ hoher Lebensstandard. Zehntausende dieser Einwanderer leben immer noch in den Elendsquartieren der Durchgangslager von öffentlicher Fürsorge. Manche weigern sich sogar, in die neuen, von der Regierung errichteten Wohnblocks umzuziehen. Sie leben lieber weiter in ihren alten Hütten von der Fürsorge, als für die neuen Wohnungen Miete zu zahlen. Ein paar gehen zurück nach Tunesien oder Marokko. Die Wirtschaft des Landes kann sie, wenn überhaupt, nur langsam und mühsam absorbieren. Und der Kibbutz bietet ihnen vergeblich an, sie als gleichberechtigte Mitglieder aufzunehmen.

»Wir sind Stadtmenschen, wir wollen keine Feldtölpel werden!« sagen der ehemalige Schneider aus Bukarest wie der Hausierer aus Wilna. »Wir möchten unser eigenes Geld verdienen und etwas auf die hohe Kante legen. Wir glauben ans Privateigentum – euer Gemeineigentum ist nichts für uns!« sagen sie. »Wir wollen nicht«, sagen andere, »unser ganzes Leben lang in öffentlichen Speiseräumen essen und getrennt von unseren Kindern leben.« »Stellt uns als Arbeiter und Lohnempfänger ein«, bitten wieder andere, »aber zahlt uns in bar und verlangt nicht, daß wir Mitglieder eurer Kommune werden.«

Diese Haltung ist schlimmer als eine Beleidigung der Kibbutzideale. Sie schafft darüber hinaus (oder enthüllt vielleicht nur) ein neues moralisches Dilemma. Der Kibbutz wird mit der Forderung konfrontiert, er möge doch zu einem »kapitalistischen Arbeitgeber« werden. Und seltsamerweise kommt diese Forderung von den potentiellen Arbeitern und Angestellten. Arbeiter anzustellen würde für den Kibbutz heißen, seinen wichtigsten Grundsatz aufzugeben und zu verraten. So empfindet es jedenfalls die Masse der Mitglieder, selbst in den Kibbutzim, die dem gemäßigten Sozialismus der Mapai zuneigen. Andererseits bemüht sich die Mapai-geführte Regierung darum, die Einwanderer anzusiedeln, und fordert die Kibbutzim auf, ihren »ideologischen Purismus« aufzugeben und unbeschäftigte Arbeitskräfte aus den Durchgangslagern einzustellen. Auch innerhalb der Kibbutzim werden solche Forderungen laut. Die Landkommunen haben in den letzten Jahren wirtschaftlich kräftig expandiert, aber die Zahl ihrer Mitglieder ist im wesentlichen gleich geblieben. Um die Expansion zu fördern und eine Stagnation zu verhindern, müssen Arbeiter von außerhalb eingestellt werden. »Lohnarbeit im Kibbutz, ja oder nein?« lautet das gegenwärtig leidenschaftlich diskutierte Thema. Man verzeichnet bereits einige Einbrüche im Bollwerk Gemeineigentum. Schon sind auf dem Gebiet vieler Kibbutzim Gruppen lohnabhängiger Arbeiter anzutreffen. Theoretiker arbeiten verbissen an neuen Rezepten, um die Lohnarbeit quantitativ zu begrenzen. Und alle Kibbutzim »von Dan bis Beersheva« schwören feierlich, daß sie niemals ein kapitalistisches Unternehmen werden, wie hoch auch immer die kapitalistische Flut außerhalb ihrer Mauern ansteigen sollte.

So könnte sich das Schicksal der *phalanstères* in Israel schließlich wiederholen. Alle experimentellen Unternehmen des utopischen Sozialismus sind entweder zusammengebrochen oder haben sich in erfolgreiche kapitalistische Betriebe verwandelt. So könnte schließlich auch das Schicksal des Kibbutz aussehen, wenn nicht eine soziale Umwälzung im Nahen Osten das weitere soziale Umfeld des Kibbutz verändert.

Vorerst kämpfen die Kibbutzim darum, ihre Stellung zu behaupten, wobei ihnen die Tatsache zu Hilfe kommt, daß sie einem wichtigen nationalen Interesse dienen. Sie sind immer noch das wichtigste Bollwerk für Israels Verteidigung. Im »Unabhängigkeitskrieg« trugen sie die Hauptlast und kämpften in der vordersten Linie wie in der Nachhut. Seine organisatorische Struktur macht den Kibbutz zu einer idealen Militärkolonie und Miliz. In jedem Kibbutz wird man zum Friedhof geführt, um die Gräber der in Aktionen gegen die Araber getöteten Ehemänner und Brüder und die bewegenden Mahnmale für die Gefallenen zu besichtigen, die von lokalen (manchmal weltberühmten) Bildhauern angefertigt wurden. Wenn man in einem Kibbutz nach Einbruch der Nacht ankommt, ist der Posten, der einen mit einer Maschinenpistole in der Hand anhält, nicht selten ein achtzehnjähriges Mädchen. Die meisten Kibbutzim liegen in der Nähe der Grenze, und auf sie stützt sich die israelische Regierung in allen ihren Verteidigungsplänen, in militärischer wie in moralischer Hinsicht.

Die Bastionen des israelischen utopischen Sozialismus sind gespickt mit Maschinenpistolen.

Die kulturelle Perspektive Israels hängt in starkem Maße von der sich wandelnden Zusammensetzung seiner Bevölkerung ab. Unter dem britischen Mandat stellten Juden europäischer Herkunft die überwältigende Mehrheit. Jetzt sind sie nur noch eine Minderheit. Einwanderer aus Asien und Afrika machen über fünfzig Prozent der israelischen Bevölkerung aus.

Juden aus Französisch-Nordafrika, halb arabisch und halb französisch aussehend, laut und temperamentvoll, sitzen mit ihren Familien vor ihren von Arabern übernommenen Baracken und Läden. Die Eltern fachsimpeln und diskutieren das Für und Wider einer Rückkehr nach Marokko oder Tunesien; währenddessen lesen und besprechen ihre Kinder die letzte Ausgabe von *Nouvelles Littéraires* aus Paris. Weiter gibt es die Juden aus dem Iran mit ihren schwarzen Lammfellhüten, die aus dem Irak und aus der Türkei, einige verwestlicht, die anderen orientalisch, und die bucharischen Juden in ihren weißen, fließenden Sabbat-Gewändern aus Seide und mit weichen, biblischen Bärten. Schließlich die Jemeniten mit ihren dunklen leuchtenden Augen und schwarzen, langen gekräuselten Schläfenlocken, die an ihren kahlgeschorenen Köpfen herabhängen. Ihre Mädchen drängen sich auf den Marktplätzen auf der Suche nach einer Anstellung als Hausmädchen.

Man erzählt sich, wie die britische Fluggesellschaft mehr als fünfundvierzigtausend jemenitische Männer, Frauen und Kinder nach Israel transportierte. Ganz unbeschwert kletterten sie in Flugzeuge, die sie niemals zuvor gesehen hatten. Sie glaubten, diese seien jene »Flügel des weißen Adlers«, auf denen sie nach einer alten Prophezeiung ins Heilige Land zurückkehren sollten, wenn der Messias kommt. Nach der Landung erschraken sie jedoch zu Tode, als sie in Busse steigen sollten, die sie vom Flugplatz zu den Durchgangslagern bringen sollten; Fahrzeuge wie Busse kamen nämlich in der messianischen Prophezeiung nicht vor.

Die Juden sind hier nicht mehr nur, wie lange Zeit vorher, die überflüssigen Menschen, die Europa nach Asien abgeschoben hat – jetzt haben die Levante und die südarabische Wüste ihren Teil zu Israel beigesteuert. Aber wie wird sich dieses Zusammentreffen von Orient und Okzident auf die kulturelle Entwicklung Israels auswirken? Darüber hört man in Jerusalem und Tel Aviv alle möglichen tiefgründigen Theorien und Vorhersagen. Einige verweisen auf die hohe Geburtenrate der orientalischen Juden und prophezeien letzten Endes eine Orientalisierung Israels. Andere sagen eine »Synthese« und eine neue israelische Kultur voraus. Ich glaube, daß die europäischen Juden möglicherweise die orientalischen assimilieren werden. Sie repräsentieren die fortgeschrittenere Zivilisation, die gewöhnlich die zurückgebliebene »erobert«; und diese »Eroberung« hat bereits begonnen: über die Schule und die Armee – beide von entscheidender Bedeutung für die Vereinheitlichung von Sprache, Kultur und Sitten des Landes.

Unterdessen macht sich ein gewisser Gegensatz zwischen den orientalischen und den westlichen Juden bemerkbar. Westliche Juden besetzen alle wichtigen Positionen im Beamtenapparat, in der Armee, im Erziehungswesen und in Industrie, Handel und Finanzwelt. Orientalische Juden fühlen sich als Bürger zweiter Klasse, als Opfer von Diskriminierung und europäischer Arroganz. (In einigen Fällen klagen sie sogar über Benachteiligung aufgrund ihrer Hautfarbe.) Vorwürfe, die so lange von Juden gegen Nichtjuden erhoben wurden, werden hier von Juden gegen Juden erhoben. Einige orientalische Juden stellen fest, daß ihr sozialer Status niedriger als in ihrem Herkunftsland ist. In Französisch-Nordafrika zum Beispiel stand der jüdische Händler zwischen dem französischen *Colon* und dem zurückgebliebenen Araber, befand sich irgendwo in der Mitte der sozialen Leiter. In Israel steht er ganz unten: Gegenüber dem europäischen Juden ist er in der gleichen Position wie der nordafrikanische Araber gegenüber dem Franzosen.

Die europäischen Juden sind sich des Mißtrauens und der Erbitterung der Orientalen wohl bewußt, und manchmal haben sie Angst vor ihnen. Man bekommt sogar Zweifel an ihrer Loyalität zu hören: »Wer weiß, ob sie im Konfliktfall nicht mit den Arabern gemeinsame Sache machen. Der Unterschied zwischen ihnen und den Arabern ist doch gar nicht so groß, oder?«

Solche Ansichten sind nicht sehr ernst gemeint, aber sie zeigen das gespannte Verhältnis an. Manche meinen, die Verbitterung der orientalischen Juden könne irgendwann einmal angeheizt und etwa von den Revisionisten ausgenützt werden, jener potentiell faschistischen Partei, deren Stärke im Augenblick noch unbedeutend ist. Vorerst schielen alle Parteien und Politiker bei allem, was sie tun, auf die orientalische Hälfte der Nation, um ihre empfindlichen Stellen herauszufinden und ihre Stimmung zu beeinflussen. Wenn hohe Beamte einer harten Politik gegenüber den Arabern mit dem Argument das Wort reden, orientalische Menschen würden jede andere Politik als »Zeichen der Schwäche« deuten; denken sie dabei nicht nur an die Araber, sondern gleichermaßen an die orientalischen Juden. Die »Vergeltungsaktionen« gegen Araber, das Massaker von Kibiya eingeschlossen, zielen ebensosehr darauf ab, die Stimmung der orientalischen Israelis aufrechtzuerhalten, wie darauf, die Araber einzuschüchtern.

Die meisten orientalischen Juden sind in religiösen Fragen orthodox eingestellt und gehören manchmal zur Gefolgschaft fanatischer osteuropäischer Rabbis. Dies war der Fall bei den heftigen Protestdemonstrationen gegen die Einführung des Militärdienstes für Frauen. Aber die Orthodoxie afrikanischer und asiatischer Juden rührt eher von ihrem sozialen Konservativismus her als von religiösem Fanatismus; sie ist jedenfalls gemäßigter und toleranter als die Orthodoxie europäischer Juden. Die polnischen, russischen und litauischen Rabbis, Wunderrabbis samt ihren Anhängern gehören zu den wildesten Religionsfanatikern der ganzen Welt. Ihr verwinkeltes Viertel in Mea Shearim – »die Hundert Tore« – ist ein echtes Reservat des jüdischen Mittelalters.

Trotz ihres nach romantisch-orientalischer Antike klingenden Namens gibt es die »Hundert Tore« erst seit dem vorigen Jahrhundert. In diesem Viertel Jerusalems ließen sich jene alten und frommen Juden nieder, die nach Palästina kamen, um im Heiligen Land zu sterben. Zu jeder Tageszeit hallen die verkommenen und übervölkerten Reihen der Mietshäuser von Gebetsgesängen und Talmud-Vorträgen wider. In Mea Shearim gibt es ebenso viele Synagogen, Talmud-Schulen und Läden für religiöse Artikel wie Wohnhäuser. Die bärtigen, dunkeläugigen und blassen Einwohner tragen auch in der glühendsten Hitze ihre langen schwarzen Gewänder, dasselbe gilt für die kleinen Kinder, denen die Gnade widerfährt, die Talmudkommentare einen Steinwurf entfernt vom Berg Zion studieren zu dürfen. Hier ist noch die furchtbare Maxime der *Mischná* voll in Kraft, wonach es für einen Juden eine ernste Sünde ist, zu sagen: »Schau, wie schön der Baum dort drüben ist«, denn nur der Herrgott selbst darf bewundert werden. Die Männer und sogar die kleinen Jungen von Mea Shearim gehen mit einwärts gekehrtem Blick oder gesenkten Augen, um ja keinen sündigen Blick auf einen Baum oder eine entgegenkommende Frau zu werfen. Hier kann es noch vorkommen, daß in der Synagoge

Ketzer zu den Klängen des Schofars (d.h. des Widderhorns) und im Licht von Wachskerzen exkommuniziert werden, denn wo sonst, wenn nicht in unmittelbarer Nähe des biblischen Gan Hinom,[8] ist das rabbinische Gesetz in aller Strenge einzuhalten?

Jeden Freitag vor Einbruch der Dunkelheit besetzen die Fanatiker von Mea Shearim die Hauptstraße, die das Stadtzentrum mit ihrem Viertel verbindet. Wie rasend umhertanzend feiern sie den Anbruch des Schabbat und legen den Straßenverkehr bis zur darauffolgenden Nacht vollkommen lahm. Wehe dem, der es wagt, sich am Schabbat mit einer Pfeife im Mund oder einem Mädchen im Arm in den krummen Gassen von Mea Shearim sehen zu lassen. Ein Steinhagel wird ihn empfangen, denn Mea Shearim glaubt an die biblische Strafe der Steinigung für den Sünder. Selbst ein Arzt, der sich am Schabbat mit seinem Auto oder einem Rettungswagen in die krummen Straßen hineinwagte, würde diesem Steinhagel nicht entgehen.

Die eigentliche Bedeutung Mea Shearims liegt nicht in seinem exotischen »Lokalkolorit«, sondern in seinem Einfluß auf das kulturelle Klima Israels. Dieser Einfluß darf nicht unterschätzt werden: Kibbutz und Mea Shearim sind die beiden Gegenpole im geistigen Leben Israels. Jüdische »Freidenker« und »militante Progressive« werden beim Thema jüdische Orthodoxie sehr kleinlaut und bescheiden. So werden in Israel Ehe- und Familienangelegenheiten immer noch durch das talmudische Gesetz geregelt, um nur ein paar der von ihm beherrschten Bereiche jüdischen Lebens zu nennen. Bis vor kurzem war der Dekan der Juristischen Fakultät der Universität Jerusalem ein altmodischer, orthodoxer Rabbi, der so gut wie keine weltliche Erziehung genossen haben dürfte. Auf Schritt und Tritt begegnet man Beweisen, die den bekannten Vorwurf untermauern, in Israel wehe viel mehr als nur ein Hauch anachronistischer Theokratie.

Ich habe darüber mit dem Herausgeber eines linksorientierten Intellektuellenblattes diskutiert, einem begabten Schriftsteller und Shakespeare-Übersetzer ins Hebräische. Einigermaßen erregt protestierte er gegen die Bemerkung, Israel unterliege dem geistigen Einfluß von Mea Shearim. Auf genaueres Nachfragen mußte er dann zugeben, daß die Israelis auf die religiöse Orthodoxie in bemerkenswertem Ausmaß Rücksicht nehmen. Um ein tragikomisches Beispiel anzuführen: Obwohl die Schweinezucht auf der Stelle dazu beitragen könnte, Israels Ernährungsproblem zu lösen und die Zahlungsbilanz zu verbessern, ist Schweinezucht untersagt. Der Keren Kayemeth, der Nationale Fonds, verpachtet als Herr über den größten Teil des israelischen Bodens Land nur mit der ausdrücklichen Auflage, keine Schweine zu züchten. Selbst die atheistischen Kibbutzim der Linken sind damit dem Willen der Rabbis unterworfen. Der erwähnte Herausgeber versuchte zunächst, alle möglichen »fortschrittlichen« Ausreden zu finden, schließlich aber lief er rot an, verlor die Fassung und schrie: »Meinen Sie allen Ernstes, um unsere wirtschaftliche Lage zu verbessern, sollten wir zulassen, im Heiligen Land Schweine zu züchten? Niemals, nie, nie!«

Israelis, die mich als alten standhaften Antizionisten kennen, sind neugierig darauf, was ich über den Zionismus denke. Meinen Antizionismus, der auf meinem Vertrauen in die europäische Arbeiterbewegung basierte oder, allgemeiner, auf meinem Vertrauen in die europäische Gesellschaft und Zivilisation, habe ich natürlich längst aufgegeben, denn diese Gesellschaft und diese Zivilisation haben es Lügen gestraft. Wenn ich in den zwanziger und dreißiger Jahren, statt gegen den Zionismus anzugehen, die europäischen Juden aufgefordert hätte, nach Palästina zu gehen, hätte ich womöglich geholfen, einige Menschenleben zu retten, die später in Hitlers Gaskammern ausgelöscht wurden.

Für die Überreste des europäischen Judentums – und wirklich nur für sie? – ist der jüdische Staat zur historischen Notwendigkeit geworden. Darüber hinaus ist er eine lebendige Realität. Trotz aller Konflikte, Mißstände und Enttäuschungen sind die Juden Israels von einem frischen und starken Nationalgefühl beseelt und sind hartnäckig entschlossen, ihren Staat mit allen verfügbaren Mitteln zu festigen und zu stärken. Sie haben auch mit gutem Grund das Gefühl, daß die »Zivilisierte Welt«, die auf die eine oder andere Weise das Schicksal des europäischen Judentums auf dem Gewissen hat, kein moralisches Recht hat, Israel wegen tatsächlicher oder eingebildeter Verstöße gegen internationale Verpflichtungen abzukanzeln oder ihm zu drohen. Dennoch bin ich auch heute kein Zionist, und ich habe es wiederholt gesagt, öffentlich und privat.

Die Israelis akzeptieren dies mit unerwarteter Toleranz, wenn auch mit deutlicher Verwirrung: »Wie ist es möglich«, fragen sie, »dem Zionismus *nicht* anzuhängen, wenn man den Staat Israel als historische Notwendigkeit anerkennt?« Welch schwierige und schmerzhafte Frage!

Von einem brennenden oder sinkenden Schiff springt man herunter – egal wohin: in ein Rettungsboot, ein Floß oder einen Rettungsring. Der Sprung wird zur »historischen Notwendigkeit«, das Floß wird gewissermaßen zur Grundlage der gesamten Existenz. Aber folgt daraus, daß man den Sprung zum Programm erheben oder einen Floß-Staat zur Grundlage seiner politischen Orientierung machen muß?

Ich hoffe, Israelis oder Zionisten, die meine Sätze lesen, verstehen den Ausdruck »Floß-Staat« richtig. Er beschreibt die unsichere Lage Israels, ohne dabei Israels Aufbauleistungen herabmindern zu wollen. Für mich kommt es einer weiteren jüdischen Tragödie gleich, daß die Welt in der Mitte dieses Jahrhunderts, in dem der Nationalstaat zunehmend hinfällig wird, die Juden dazu getrieben hat, ihre Sicherheit in einem Nationalstaat zu suchen.

Jahrhundertelang war jede fortschrittliche Entwicklung im Leben der westlichen Nationen mit der Bildung und Stärkung des Nationalstaates bzw. mit der nationalstaatlichen Bestrebung verbunden. Die Juden hatten mit dieser Bewegung nichts zu tun und nichts von ihr zu erwarten. Während die Menschen im Westen die religiösen den nationalen Bindungen unterordneten und ihre Identität eher in ihrer Nation als in ihrer Kirche fanden, blieben die Juden in den Mauern ihrer Synagoge und in ihren religiösen Bindungen eingesperrt.

Erst jetzt, wo der Mensch seine Identität in einer Nation nicht mehr finden kann, sondern nur in irgendeiner übernationalen Gemeinschaft, entdecken die Juden ihren Staat und ihre Nation. Was für ein trauriger Anachronismus!

»Nun gut, zeig uns doch die Nation, die ihre Staatlichkeit für einen kosmopolitischen oder internationalistischen Traum aufgegeben hat«, sagen meine israelischen Freunde.

Natürlich hat das keine getan; und es ist mir auch nicht eingefallen, dies den Israelis zu empfehlen. Der Punkt ist, daß der Nationalstaat verfällt und sich auflöst, egal, ob sich die Leute dessen bewußt sind oder nicht, und unabhängig von ihren Bemühungen, ihn zu erhalten. Das ist bei allen lokalen Unterschieden ein weltweiter Prozeß. Einen guten Teil seiner Stärke bezieht der Sowjetblock aus seinen Bemühungen, das Gebiet zwischen Zentraleuropa und dem chinesischen Meer samt der Produktivkraft seiner 800 Millionen Einwohner ökonomisch zusammenzufassen. Um das zu erreichen, hat der Stalinismus nationale Souveränität auf eine bloße Fassade reduziert, obwohl ihre äußeren Symbole nicht angetastet worden sind. Die Nationalstaaten des Westens haben bislang mehr als nur eine symbolische Fassade bewahrt; aber auch ihre goldene Zeit ist längst vorbei, und wenn sie sich an ihre Souveränität klammern, so ist das in den meisten Fällen nur eine Ursache für ihre Schwäche. Wie jeder Organismus, dessen Tage gezählt sind, kann der Nationalstaat seine Existenz nur verlängern, indem er seine eigene Degeneration in jeder Hinsicht verstärkt. Im Dritten Reich ist der Nationalstaat auf seinem höchsten wie auf seinem tiefsten Punkt angelangt, auf seinem Zenit und auf seinem Nadir, er hat seine Apotheose erlebt wie seine schwarze Messe. Da Israel sich jetzt unter die Nationalstaaten eingereiht hat, kann es ihr Schicksal des Niedergangs nur teilen.

Wenn sich jemand bemüht hätte, eine klassische Parodie auf den Nationalstaat zu liefern, hätte er nichts Besseres erfinden können als den Staat Israel mit all seinen grotesken Korridoren, Ausbuchtungen, schmalen Streifen und Dreiecken, wie er von den Schnitzkünstlern der UNO zurechtgeschnitzt wurde.

Gewöhnlich konzentriert sich die Irrationalität des Nationalstaates an seinen Grenzen und Zollmauern, dort also, wo die eine Nation von der anderen Nation getrennt ist. Innerhalb der Grenzen, auf Hunderten oder Tausenden von Quadratkilometern, sind Millionen von Menschen zu Hause und leben unter mehr oder weniger normalen Bedingungen. Nur jenseits dieser Gebiete, an der nächsten Grenze, starrt einem der beharrliche Schwachsinn des Nationalstaates wieder ins Gesicht. In Israel kann man diesem sichtbaren Schwachsinn nirgends entkommen: Wo immer man hingeht, man ist immer an irgendeiner Grenze: »Schau mal, auf dem Berg dort drüben liegen die Syrer«; »Die *jordanischen* Araber dringen jede Nacht in dieses Tal vor«; »Da drüben geht der *ägyptische* Posten«; »Achten Sie auf diesen Weg – er führt geradewegs in den *Libanon,* dreißig Meter von hier!«; »Wir haben dieses Kraftwerk unterirdisch gebaut, sonst würde es am ersten Tag eines Krieges zerstört werden«; »Hier verläuft unsere Eisenbahn an drei Stellen durch fremdes Territorium«; »Nach Einbruch der Dunkelheit befahren wir diese Straße nicht mehr; sie liegt zu nahe an der Grenze.«

In Jerusalem führte mich Moshe Sharett, Ministerpräsident und Außenminister, zum Fenster seines Büros und zeigte mir eine Sanddüne, über die ein Stacheldraht-Gürtel verlief. Die jordanisch-israelische Grenze bzw. Demarkationslinie verlief nicht einmal einen Steinwurf entfernt. Der Außenminister muß lediglich seinen Kopf vom Schreibtisch erheben, und schon hat er den »Feind« im Auge! Wenn die Nachwelt jemals ein Museum für die Absurditäten des Nationalstaates errichten sollte, müßte es ein Bild enthalten, das diese Aussicht aus dem Büro des Außenministers zeigt. Ebenso den Stacheldraht, der jetzt das Gelände des französischen Krankenhauses in Jerusalem durchschneidet, die Schilderhäuser an der Alten Mauer gegenüber dem Zionsberg und Photographien der Kinder, die erschossen wurden, während sie vor ihren Häusern inmitten von Stacheldrahthindernissen spielten. Der Irrsinn des Nationalstaates ist bis nach Jerusalem gekommen und hat die Wiege der Weltreligionen in zwei Teile zerschnitten.

Gemessen an jedem normalen Maßstab, ist die israelische Wirtschaft bankrott. Die Exporte decken nur einen kleinen Teil der Importe. Den größten Teil des Defizits begleichen das amerikanische Judentum und die US-Regierung aus ihren großen Taschen. Israel kauft teure Lebensmittel und

Rohstoffe für Pfunde und Dollars ein und bemüht sich zugleich um weit entfernte Absatzmärkte für die eigenen Produkte. In früheren Zeiten waren die Straßen zwischen Palästina und den arabischen Nachbargebieten dicht von Lastkraftwagen befahren, die Lebensmittel aus den arabischen Ländern nach Israel transportierten und Industriegüter dorthin brachten. Jetzt steht der Handel still, weil sich die arabischen Regierungen weigern, Israels politische Existenz anzuerkennen, und es beharrlich boykottieren.

Dem Staat Israel ist der Sprengstoff buchstäblich schon in seine Fundamente eingebaut: das Elend von Hunderttausenden arabischer Flüchtlinge. Fairerweise kann man den Juden daraus keinen Vorwurf machen. Menschen, die von einem Ungeheuer verfolgt werden und um ihr Leben rennen, können nichts dafür, wenn sie dabei diejenigen, die ihnen im Wege stehen, verletzen und ihr Eigentum niedertrampeln. Die Juden haben das subjektive Empfinden, daß das Unrecht, das sie den Arabern zugefügt haben, im Vergleich mit der Tragödie, die sie selbst durchlitten, ein Kinderspiel ist. Dies ist wohl richtig, hindert die Araber aber nicht, unter ihrem Elend zu leiden und nach Vergeltung zu trachten. Für die Israelis ist Palästina immer schon jüdisch gewesen. Für die Araber sind die Juden Angreifer und Eindringlinge und werden es noch lange bleiben.

Solange eine nationalistische Lösung des Problems verfolgt wird, sind Juden wie Araber dazu verdammt, sich in einem Teufelskreis von Haß und Rache zu bewegen. Araber ermorden jüdische Mütter und Kinder. Juden veranstalten das Massaker von Kibia.[9] Die Araber warten nur auf eine neue Entwicklung im Nahen Osten, die ihnen die Möglichkeit bietet, Israel zu zerstören. Inzwischen beobachten sie gespannt, ob Israel einmal einen falschen Zug macht. Und

Israel hofft, die arabischen Staaten möchten auf ewig so rückständig, nachlässig, korrupt und isoliert bleiben, wie sie es zur Zeit des arabisch-israelischen Krieges von 1948 gewesen sind. Denn sonst könnten sie ihre Position gegenüber vierzig Millionen Arabern nicht halten, selbst wenn sich die Anzahl der Israelis verdreifachen würde. Jede Seite sieht die Unsicherheit, Not und Bedrängnis der anderen als Bedingung für die eigene Sicherheit und das eigene Wohlergehen.

Aus dieser verfahrenen Situation scheint es keinen unmittelbaren Ausweg zu geben. Langfristig könnte eine Lösung jenseits von Nationalstaaten gefunden werden, vielleicht im erweiterten Rahmen einer Nahostföderation. Dann könnte Israel unter den arabischen Staaten eine Rolle spielen, die seinem bescheidenen Bevölkerungsanteil ebenso entspricht wie seinen bedeutenden intellektuellen und geistigen Ressourcen. Soweit man hört, beginnt diese Idee unter jungen Politikern und politisch denkenden Menschen auf beiden Seiten an Boden zu gewinnen, aber dieser Prozeß wird in der näheren Zukunft kaum größere Fortschritte machen. Die Juden sind noch zu sehr von ihrem neuerworbenen Nationalstaat berauscht, und die Araber sind noch zu sehr in ihrer elenden Lage gefangen, als daß sie schon so weit voraussehen könnten. Für beide Seiten ist eine übernationale Organisation wie eine Nahost-Föderation noch reine *Zukunftsmusik*.[10] Aber manchmal ist das die einzige Musik, die anzuhören sich lohnt.

Israels zehnter Geburtstag

»Von Dan bis Beersheva« bereiten sich die Israelis auf die Feiern zum zehnten Jahrestag ihrer Staatsgründung vor. Voller Stolz gedenken sie der heroischen Entschlossenheit, mit der ihre Männer und Frauen im Frühjahr 1948 die Waffen erhoben, um Unabhängigkeit und Staatlichkeit von den Arabern, den Briten und der zögernden und doppelbödigen Diplomatie der Großmächte zu erkämpfen. Mit Genugtuung und Zuversicht blicken sie auf die Bilanz von Israels erstem Jahrzehnt zurück – eine Bilanz bedeutender Fortschritte beim Aufbau nationaler Lebens- und Kulturformen.

Die Entstehung Israels ist in der Tat, wie die ganze lange und dramatische Geschichte der Juden, ein einzigartiges Phänomen, eine ans Wunderbare grenzende historische Erscheinung, der Juden und Nichtjuden gleichermaßen erstaunt und ehrfürchtig gegenüberstehen, deren Bedeutung sie zu ergründen suchen. Dies ist der Stoff, aus dem in früheren Zeiten die großen Heldensagen und Geschichtslegenden entstanden, wie die Legende der Thermopylen-Schlacht oder die der Makkabäer.

Vor diesem Hintergrund überrascht es nicht, daß Israelis ihre eigene Erfahrung fast mit Verzückung betrachten. »Was ist denn das moderne Israel?«, meint zum Beispiel Abba Eban, ein äußerst redegewandter Vertreter seines Landes. »Doch nichts anderes als die Vereinigung von Volk, Land und Sprache, in der sich der historische Kreislauf auf erhabene Weise vollendet, als eine Brücke, welche die Kluft zwischen Kontinenten und Generationen überspannt und damit die Einheit aller historischen Erfahrung verkörpert.« Gleichwohl wird man das Gefühl nicht los, daß eine so weihevoll romantische Deutung der Entstehungsgründe und der Bedeutung Israels keineswegs der Weisheit letzter Schluß sein kann. Sie umgibt die Ereignisse, deren Zeugen wir alle waren, mit einem goldenen Schleier poetischer Erfindung. Sie verhüllt die nackten Tatsachen der jüngsten Geschichte mit einem Gewebe aus Illusionen und könnte Israel gefährlich unrealistische Perspektiven vorgaukeln.

Wir leben nicht mehr im Zeitalter der Heldensagen – die Mythen unserer Epochen haben sich allesamt als fadenscheinig und äußerst kurzlebig erwiesen. So einzigartig der Staat Israel in unserer modernen Welt dasteht, er hat keineswegs den »Kreislauf der Geschichte auf erhabene Weise vollendet ... und ... die Einheit aller historischen Erfahrung verkörpert«. Er entstand nicht aus der messianischen Sehnsucht der Juden nach dem »gelobten Land«. Wie sieht der historische Sachverhalt wirklich aus?

Vor dem Aufstieg des Nazismus und selbst noch danach weigerte sich die überwältigende Mehrheit der Juden, dem zionistischen Aufruf zu folgen. Sogar in Osteuropa, wo sie in großen und geschlossenen Gemeinden lebten, ihre eigene Sprache pflegten, ihre eigene Kultur und Literatur entwickelten und ungezügelte Diskriminierungen zu erdulden hatten, betrachteten sich die Juden als Bürger der Länder, in denen sie lebten, und verbanden ihre Zukunft mit der Zukunft dieser Länder, nicht mit einer jüdischen Heimstätte in Palästina. Gut die Hälfte des osteuropäischen Judentums, allen voran seine große und starke Arbeiterbewegung, stand dem Gedanken einer solchen Heimstätte mit bewußter und unversöhnlicher Feindschaft gegenüber. In Osteuropa war der Zionismus die nationalistische *Mystik* der jüdischen Mittelklasse, die freilich selbst nicht bereit war, ihre etablierten gesellschaftlichen Positionen aufzugeben und dem zionistischen Traum zuliebe tatsächlich auszuwandern. Dennoch bildeten die osteuropäischen Juden das wesentliche Reservoir, aus dem sich die zionistische Bewegung speiste. Ihm entstammten die meisten seiner Führer, Pioniere und Anhänger. Woanders rief der Zionismus sehr viel weniger Resonanz hervor.

Zionisten mögen argumentieren – und wer kann es bestreiten? –, das europäische Judentum hätte überlebt, wenn es dem zionistischen Ruf gefolgt wäre. Entscheidend ist aber, daß die Feindschaft oder Gleichgültigkeit europäischer Juden gegenüber dem Gedanken einer jüdischen Heimstätte ihrem Vertrauen in die Nationen, unter denen sie lebten, und ihrer tiefen Zuversicht in die humanistischen Traditionen und der überzeitlichen Geltung europäischer Zivilisation entsprangen. Dagegen sah der Zionismus keine Zukunft für die Juden in Europa – er war der politische Höhepunkt jüdischen Mißtrauens gegenüber der nichtjüdischen Welt.

Zu Europas ewiger Schmach hat sich dieses Mißtrauen als nur zu berechtigt erwiesen. Erst nachdem dies auf grausamste Weise deutlich geworden war, nachdem von den 15 Millionen europäischer Juden sechs Millionen in den Gaskammern umgekommen waren und nachdem Israelis sahen, wie die Briten die Geisterschiffe, beladen mit den Wracks des europäischen Judentums, von den Küsten Palästinas verjagten, wurde der Staat Israel zur Realität. Seine Entstehung war keine »erhabene Vollendung des Kreislaufs der Geschichte«, sondern ein Akt jüdischer Verzweiflung – und Mahnmal einer der schrecklichsten Perioden der europäischen Geschichte, einer Periode des Wahnsinns und des Verfalls.

Vom Standpunkt praktischer Politik aus gesehen, verdankt Israel seine Existenz und sein Überleben einem merkwürdigen Zusammentreffen von Umständen, die in der entrückten Sichtweise eines romantischen Nationalismus kaum mehr wahrzunehmen sind. Verständlich, daß israelische Historiker beharrlich auf das mutige, einfallsreiche und heldenhafte Wirken der *Palmah,*[1] der kleinen jüdischen Verteidigungseinheit, verweisen, die zahlenmäßig unterlegen und sogar noch umzingelt, etlichen Armeen Niederlagen zufügen konnte. Die Israelis waren jedoch durch bestimmte Faktoren begünstigt.

Die Araber standen den Israelis als gesellschaftlich rückständige, innerlich zerstrittene Kraft und ohne Verbündete gegenüber. Großbritannien, dessen Empire in Auflösung begriffen war, zog sich zu jener Zeit aus dem Nahen Osten zurück. Die Vereinigten Staaten und die Sowjetunion als Hauptkontrahenten der Nachkriegsära taten sich vorübergehend gegen die Briten zusammen, um deren Rückzug aus der Region zu beschleunigen. Trotz zahlenmäßiger Unterlegenheit hatten die Juden alle Vorteile einer überlegenen europäischen Organisation und Ausbildung auf ihrer Seite. Schließlich bezogen sie Waffen und Ausrüstung für den Unabhängigkeitskrieg aus den Vereinigten Staaten und aus Osteuropa. Wären die Araber weniger gespalten oder besser bewaffnet und ausgebildet gewesen, so hätte der Ausgang des Kampfes anders ausgesehen; ebenso, wenn sich Großbritannien nicht zurückgezogen und wenn eine der beiden Mächte, die Sowjetunion oder die Vereinigten Staaten, die Araber unterstützt hätte.

Diese für Israel günstige Konstellation war naturgemäß nur vorübergehend. Das scheint den israelischen Führern entgangen zu sein. Bewußt oder unbewußt projizieren sie die vorteilhaften Bedingungen des Jahres 1948 unbegrenzt in die Zukunft und stützen ihre Politik darauf. Obwohl sie die

Unterstützung, welche die sowjetische Führung dem arabischen Nationalismus in jüngster Zeit gewährt, etwas fürchtet, scheint die israelische Führung darauf zu vertrauen, daß sie irgendwie stets noch mächtigere Freunde in der Welt finden wird. Sie geht zudem davon aus, daß ihre arabischen Nachbarn für immer – zumindest für eine lange Zeit – so rückständig und uneinig bleiben werden wie vor zehn Jahren.

Die Israelis scheinen somit von der alten europäischen Geringschätzung und Verachtung für die asiatischen und afrikanischen Völker angesteckt zu sein (einer Haltung, die die Europäer selbst langsam, aber sicher aufgrund bitterer Erfahrungen ablegen), und dadurch unterschätzen sie ganz offensichtlich das Potential und die Entwicklungsmöglichkeiten ihrer Nachbarn. Ben Gurion tritt ab und an wie einer der letzten Gralshüter des Gedankens von der »Bürde des weißen Mannes« auf. Zweifelsohne trugen das Suez-Abenteuer und die schlechte Figur, die Ägypten dabei abgegeben hat, dazu bei, die Israelis in ihrer Arroganz zu bestätigen. Wenn dem so ist, kann sich der militärische Erfolg in der Sinai-Wüste für Israel auf lange Sicht verhängnisvoller als eine Niederlage auswirken.

Damit ist das entscheidende Problem der israelischen Außenbeziehungen angesprochen: seine Einstellung zu den aufstrebenden Nationen Asiens und Afrikas. Wenn man Israels Politik kritisiert, wird einem prompt entgegengehalten, die Entstehung Israels sei als Bestandteil des Befreiungsprozesses erwachender kolonialer und halb-kolonialer Völker anzusehen. »Die Kritik an nationalistischen Tendenzen trifft schließlich für nahezu ganz Asien und Afrika zu«, meint ein progressiver zionistischer Schriftsteller. »Israel ist kein Einzelfall. Es gab auch Indien, Burma, Ceylon, Ghana, Nigeria, Marokko, Tunesien, Libyen, Sudan – und der Prozeß geht weiter.« Auch hier vermischen sich Legende und Wirklichkeit. Der Aufstieg Indiens, Burmas, Ghanas usw. aus kolonialer Unterdrückung zur unabhängigen Staatlichkeit war ein organischer gesellschaftlicher und politischer Prozeß, der mit der Entstehung Israels nicht zu vergleichen ist. Schlimmer noch: Israel liegt im offenen oder versteckten Konflikt mit vielen aufstrebenden Nationen Asiens und Afrikas. Israel kann nicht auf zwei Hochzeiten tanzen: Es kann sich nicht zu diesen Nationen zählen und die ihnen zustehenden Rechte beanspruchen und gleichzeitig seine eigenen – wirklichen oder eingebildeten – Interessen in ständiger Gegnerschaft oder hochmütiger Distanz zu eben diesen jungen Nationen verfolgen.

Diese Gegnerschaft ist zum Teil auf die Umstände zurückzuführen, unter denen der Staat Israel entstanden ist: Schon seine Geburtsstunde war mit der Mißachtung arabischer Rechte verknüpft. Aber im eigenen Interesse hätte Israel alles in seiner Macht Stehende tun können und müssen, um das arabische Elend zu lindern und die Gegensätze abzuschwächen. Statt dessen hat Israel beinahe alles getan, um diese Gegensätze zu verschärfen und zu verewigen – und nichts war dazu geeigneter als die Sinai-Invasion von 1956. Die Bilanz von Israels erstem Jahrzehnt wird in einem ernsten und gefährlichen Maße durch diese Aktion belastet, und auf die Dauer wird sie womöglich viele eindrucksvolle Aktivposten aufwiegen. Auf die Dauer kann Israel an den Grenzen zu Asien und Afrika nicht im Konflikt mit Asien und Afrika überleben. Für die Überlebenden des europäischen Judentums wurde Israel zum Zufluchtshafen. Laßt es nicht zu ihrer Todesfalle werden!

Wir stehen vor dem traurigen Widerspruch der Geschichte, daß die Juden ihre Eigenstaatlichkeit erst in der Mitte dieses Jahrhunderts erlangt haben, zu einer Zeit, da die Sinnlosigkeit des Nationalstaates von Jahr zu Jahr offensichtlicher wird. In der Blütezeit des Nationalstaates – als er für viele Menschen noch ein wesentliches Moment ihres materiellen und geistigen Fortschritts verkörperte, als in seinem Namen der mittelalterliche Partikularismus überwunden wurde, als das Bürgertum mit den Überresten des Feudalismus aufräumte und die Idee des Nationalstaats die Europäer von der geistigen Unterwerfung unter die Kirche befreien half –, in dieser Zeit hatten die Juden mit ihm nichts zu tun. Wo das moderne Judentum geistig nicht auf Synagoge und Marktplatz beschränkt blieb, schenkte es Europa die größten universellen Denker wie Spinoza und Marx.

Ihre eigenen gesellschaftlichen Existenzbedingungen hatten die Juden dazu gebracht, sich über die Schranken eines nationalistischen Denkens hinwegzusetzen, den Fetisch »Staat« oder »Imperium« zu überwinden und übernationale Formen des gesellschaftlichen Zusammenlebens zu entwickeln. Ausgerechnet heute, da der Nationalstaat im Niedergang begriffen und zu einem Anachronismus geworden ist wie zuvor die feudalen Fürstentümer, heute, da die permanente technologische Revolution die Herausbildung übernationaler Lebensformen für die Menschheit zu einer Frage des Überlebens macht, ausgerechnet in dieser Zeit investieren Juden ihren grenzenlosen Enthusiasmus und ihre großen Fähigkeiten in einen eigenen Nationalstaat und in einen neuen Nationalismus. Das ist, wie schon erwähnt, nicht ihre Schuld, und die nichtjüdische Welt besitzt nicht das moralische Recht, sie deshalb zu tadeln. Aber das Paradoxon besteht weiter, und auch die Juden sollten sich dieser Lage bewußt werden. Sicher kann man von Israel nicht erwarten, daß es der Welt mit gutem Beispiel vorangeht und seinen Nationalstaat zugunsten einer höheren Form der sozialen Ordnung aufgibt. Freilich sollten die Israelis ihre widersprüchliche Lage und ihre Perspektiven nüchterner wahrnehmen und sich davor hüten, von ihrem neumodischen, nachgerade rotglühenden Nationalismus fortgerissen zu werden. Auch sollten sie sich mit dem Gedanken vertraut machen, daß ihr Staat nicht über jede Kritik erhaben ist: Auch er ist eine irdische Schöpfung, kein biblisches Heiligtum, kein »auserwählter« Nationalstaat.

Denken wir noch einmal an den Nationalismus anderer »junger« Nationen, der Inder, Ägypter usw. zurück. Keiner dieser Fälle weist ähnliche, ins Auge springende Widersprüche auf, weil keines dieser Völker eine mit der jüdischen vergleichbare kosmopolitische oder internationalistische Tradition besitzt. Und selbstverständlich kann der Nationalismus dieser Völker auf derselben Ebene kritisiert und beanstandet werden.

Die Begeisterung eines nach Emanzipation von fremder Herrschaft strebenden Volkes verdient Achtung und Bewunderung. Aber allzuoft geschieht es, daß die Begeisterung nach erfolgreichem Unabhängigkeitskampf weiter angeheizt und für eine Politik mißbraucht wird, die weit weniger Respekt verdient. Für ein unterjochtes Volk ist die staatliche Unabhängigkeit eine Notwendigkeit und ein Fortschritt. Wenn ein Volk aber dieses Stadium der Unabhängigkeit erreicht hat, kann es für dieses Volk nichts Rückschrittlicheres geben, als in diesem Stadium zu verharren und sich zu weigern, darüber hinauszublicken. Der Nationalismus eines souveränen Volkes kann nicht dieselbe Legitimation beanspruchen wie der Nationalismus eines unterdrückten Volkes.

Das ist nicht nur eine Frage abstrakter Prinzipien. Die Zukunft Israels kann sehr wohl davon abhängen, ob sich die

Israelis selbst vor nationalistischer Überheblichkeit zu hüten wissen, ob sie in der Lage sein werden, mit den sie umgebenden Völkern eine gemeinsame Sprache zu finden. Wird ihnen dies im zweiten Jahrzehnt ihrer staatlichen Existenz gelingen? Es gibt nichts, was ein Freund des israelischen Volkes ihnen aufrichtiger wünschen könnte.

Der israelisch-arabische Krieg vom Juni 1967

Der Krieg und das »Wunder« des israelischen Sieges haben keines der Probleme gelöst, dem sich Israel und die arabischen Staaten gegenübersehen. Im Gegenteil, sie haben all die alten Streitfragen verschärft und noch gefährlichere neue geschaffen. Sie haben Israels Sicherheit nicht verstärkt, sondern es noch verwundbarer gemacht, als es vor dem 5. Juni 1967 war. Dieses »Sechs-Tage-Wunder«, diesen allzu leichten Triumph der israelischen Waffen wird man in nicht sehr ferner Zukunft vor allem als ein Unglück für Israel selbst ansehen.

Betrachten wir den internationalen Hintergrund. Wir müssen diesen Krieg in Beziehung setzen zu dem großen Machtkampf und den ideologischen Konflikten in der Welt. Während dieser letzten Jahre haben der amerikanische Imperialismus und die mit ihm verbündeten und von ihm unterstützten Kräfte eine gewaltige politische, ideologische, wirtschaftliche und militärische Offensive in weiten Gebieten Asiens und Afrikas in Gang gesetzt, während die sich ihnen widersetzenden Kräfte, vor allem die Sowjetunion, sich nur mühsam behaupten können oder gar auf dem Rückzug befinden. Diese Entwicklung ist das Ergebnis einer langen Kette von Ereignissen: dem Umsturz in Ghana, durch den Nkrumahs Regierung gestürzt wurde; der wachsenden Reaktion in vielen Ländern Afrikas und Asiens; dem blutigen Triumph des Antikommunismus in Indonesien, der ein gewaltiger Sieg für die Konterrevolution in Asien war; der Eskalation des amerikanischen Krieges in Vietnam und der »Randerscheinung« des rechten Militärputsches in Griechenland. Der arabisch-israelische Krieg war keine isolierte Angelegenheit, sondern gehört zu dieser Kategorie von Ereignissen. Die entgegengesetzte Entwicklung fand ihren Ausdruck in revolutionären Gärungserscheinungen in verschiedenen Teilen Indiens, in der Radikalisierung der politischen Stimmung in den arabischen Ländern, dem eindrucksvollen Kampf der Nationalen Befreiungsfront in Vietnam und dem weltweiten Anwachsen des Widerstandes gegen amerikanische Intervention. Das Vorrücken des amerikanischen Imperialismus und der afro-asiatischen Konterrevolution vollzog sich nicht ohne Widerstand, aber ihr Erfolg war, außer in Vietnam, überall offensichtlich.

Im Nahen Osten erfolgte der amerikanische Vorstoß erst vor relativ kurzer Zeit. Während des Suez-Krieges nahmen die Vereinigten Staaten noch eine »antikolonialistische« Haltung ein. Sie arbeiteten, in scheinbarer Übereinstimmung mit der Sowjetunion, auf einen Rückzug der Briten und Franzosen hin. Die Logik der amerikanischen Politik war noch dieselbe wie in den späten vierziger Jahren, als der Staat Israel im Entstehen war. Solange die herrschende Klasse Amerikas in erster Linie daran interessiert war, die alten Kolonialmächte aus Afrika und Asien herauszudrängen, war das Weiße Haus die Hauptstütze des »Antikolonialismus«. Doch nachdem die Vereinigten Staaten zum Zusammenbruch der alten Imperien beigetragen hatten, bekamen sie Angst vor dem »Kräftevakuum« und vor der Möglichkeit, daß dieses von einheimischen revolutionären Kräften oder der Sowjetunion oder einem Bündnis beider ausgefüllt werden könnte. Der Antikolonialismus der Yankees schwand dahin, und Amerika

»trat auf den Plan«. Im Nahen Osten war das der Fall in der Periode zwischen der Suez-Krise und dem jüngsten israelischen Krieg. Das militärische Eingreifen der Amerikaner im Libanon 1958 erfolgte mit dem Ziel, eine revolutionäre Welle in dieser Region, vor allem im Irak, einzudämmen. Seitdem haben die Vereinigten Staaten – zweifellos im Vertrauen auf eine gewisse sowjetische »Mäßigung« – die offene und direkte militärische Einmischung im Nahen Osten vermieden und sich betont abseits gehalten. Das nimmt der amerikanischen Präsenz jedoch nichts von ihrer Realität.

Die Israelis haben natürlich aus eigenen Motiven heraus gehandelt und nicht, um den Bedürfnissen amerikanischer Politik zu entsprechen. Es besteht kein Zweifel daran, daß die große Masse der Israelis und ihre Führer glauben, von der Feindseligkeit der Araber bedroht zu sein. Daß einige »blutrünstige« arabische Erklärungen, »Israel von der Landkarte zu fegen«, den Israelis Gänsehaut bereiten, ist klar. Heimgesucht von den Erinnerungen an die jüdische Tragödie in Europa, fühlen sich die Israelis isoliert und umzingelt von den »wimmelnden« Millionen einer feindlichen arabischen Welt. Nichts war für ihre eigenen Propagandisten leichter, als mit Hilfe arabischer verbaler Maßlosigkeit die Angst vor einer neuen »Endlösung« hochzuspielen, die den Juden diesmal in Asien drohe. Biblische Mythen und all die alten religiös-nationalen Symbole der jüdischen Geschichte beschwörend, peitschten die Propagandisten jenen Taumel aus Kampflust, Arroganz und Fanatismus auf, den die Israelis auf so erschreckende Weise demonstrierten, als sie zum Sinai und an die Klagemauer, an den Jordan und zu den Mauern von Jericho vorstießen. Hinter dem Taumel und der Arroganz steckt Israels unterdrücktes Schuldbewußtsein den Arabern gegenüber, das Gefühl, daß die Araber niemals die Schläge vergeben oder vergessen werden, die Israel ihnen zugefügt hat: die Wegnahme ihres Landes, das Schicksal von einer Million oder mehr Flüchtlingen, wiederholte militärische Niederlagen und Demütigungen. Halbverrückt aus Angst vor arabischer Vergeltung haben die Israelis in ihrer überwältigenden Mehrheit den Grundsatz, an dem die Politik ihrer Regierung ausgerichtet ist, akzeptiert: den Grundsatz, daß die Sicherheit Israels in periodischer Kriegführung liege, die die arabischen Staaten alle paar Jahre in den Zustand der Ohnmacht zurückwerfen müsse.

Doch was auch immer ihre eigenen Motive und Ängste sein mögen, die Israelis sind keine unabhängig Handelnden und können es auch nicht sein. Die Faktoren ihrer Abhängigkeit sind gewissermaßen in ihre Geschichte der letzten zwanzig Jahre »eingebaut«. Alle israelischen Regierungen haben die Existenz ihres Landes von seiner »West-Orientierung« abhängig gemacht. Das allein hätte ausgereicht, aus Israel einen westlichen Vorposten im Nahen Osten zu machen und es so hineinzuziehen in die große Auseinandersetzung zwischen dem Imperialismus (oder Neokolonialismus) und den um ihre Unabhängigkeit kämpfenden arabischen Völkern. Doch es waren noch andere Faktoren mit im Spiel: Die israelische Wirtschaft mit ihrem mühsamen Gleichgewicht und Wachstum hing von ausländischer zionistischer Finanzhilfe ab, besonders von amerikanischen Spenden. Diese Spenden waren ein heimlicher Fluch für den neuen Staat. Sie machen es der Regierung möglich, mit ihrer Zahlungsbilanz in einer Weise umzugehen, wie es kein Land der Welt tun kann, das keinen Handel mit seinen Nachbarn treibt. Der Zufluß ausländischen Kapitals hat Israels Wirtschaftsstruktur verzerrt, indem er das Wachstum eines großen unproduktiven Sektors und einen Lebensstandard ermöglichte, der in keinem

Verhältnis zur Produktivität des Landes und den Einkommen steht.[1] Das hatte natürlich unfehlbar die Wirkung, Israel im »westlichen Einflußbereich« zu halten. Israel hat in der Tat weit über seine Verhältnisse gelebt. Jahrelang wurde über die Hälfte aller Lebensmittel aus dem Westen importiert. Da die US-Regierung als Spenden für Israel ausgewiesene Einkommen und Profite von der Besteuerung befreit, hat das Finanzministerium in Washington seine Hand an der Brieftasche, von der Israels Wirtschaft abhängt. Washington könnte Israel jederzeit schwer treffen, indem es die Steuerbefreiung verweigert (obwohl es das bei den nächsten Wahlen die jüdischen Stimmen kosten würde). Die niemals ausgesprochene, aber stets gegenwärtige Drohung einer solchen Sanktion, die gelegentlich nur angedeutet wurde, reichte aus, die israelische Politik fest an die Vereinigten Staaten zu binden.

Als ich vor Jahren Israel besuchte, zählte mir ein hoher israelischer Beamter all die Fabriken auf, die sie aufgrund amerikanischen Einspruchs nicht bauen durften – unter anderem Stahlwerke und Produktionsbetriebe für landwirtschaftliche Maschinen. Dafür gab es eine Liste praktisch nutzloser Fabriken, die phantastische Mengen von Küchengeräten aus Plastik, von Spielzeug und dergleichen produzierten. Genausowenig hatte irgendeine israelische Regierung die Freiheit, Israels vitales langfristiges Interesse an Handelsbeziehungen und engen wirtschaftlichen Beziehungen mit seinen arabischen Nachbarn oder gar an einer Verbesserung seiner Handelsbeziehungen mit der Sowjetunion zu berücksichtigen.

Die wirtschaftliche Abhängigkeit hat Israels Innenpolitik und den »kulturellen Bereich« auch noch in anderer Hinsicht geprägt. Der amerikanische Spender ist gleichzeitig der wichtigste ausländische Investor im Heiligen Land. Ein wohlhabender amerikanischer Jude, ein »weltgewandter

Geschäftsmann« unter seinen christlichen Teilhabern und Freunden in New York, Philadelphia oder Detroit ist im Herzen stolz darauf, zum Auserwählten Volk zu gehören, und macht seinen Einfluß in Israel zugunsten von religiösem Obskurantismus und religiöser Reaktion geltend. Als glühender Anhänger des freien Unternehmertums blickt er mit feindseligem Auge selbst noch auf den gemäßigten »Sozialismus« in der Histadruth und in den Kibbutzim und hat sein Teil dazu beigetragen, ihn zu zähmen. Vor allem hat er den Rabbinern geholfen, ihren Würgegriff über die Gesetzgebung und einen Großteil der Erziehung zu erhalten und damit den Geist rassisch-talmudischer Auserwähltheit und Überlegenheit lebendig zu halten. All dies hat den Antagonismus gegenüber den Arabern entzündet und am Leben gehalten.

Der Kalte Krieg verlieh den reaktionären Tendenzen in Israel großen Auftrieb und verschärfte den arabisch-jüdischen Konflikt. Israel war strikt dem Antikommunismus verpflichtet. Gewiß: Stalins Politik in seinen letzten Jahren, Ausbrüche von Antisemitismus in der UdSSR, antijüdische Motive in den Prozessen gegen Slansky, Rajk und Kostrow und die sowjetische Förderung des arabischen Nationalismus in jeder, selbst der irrationalsten Form – all das ist mitverantwortlich für Israels Haltung. Und doch sollte nicht vergessen werden, daß Stalin einst Israels Pate war; daß die Juden 1947/48 mit tschechoslowakischer Munition, die ihnen auf Stalins Befehl geliefert worden war, gegen die britische Besatzungsarmee und gegen die Araber kämpften; und daß der sowjetische Gesandte der erste war, der für die Anerkennung des Staates Israel durch die Vereinten Nationen stimmte. Man könnte argumentieren, daß der Wandel in Stalins Einstellung zu Israel selbst schon eine Reaktion auf die Ausrichtung Israels nach dem Westen war. In der nach-stalinistischen Ära haben die israelischen Regierungen jedenfalls an dieser Ausrichtung festgehalten.

Unversöhnliche Feindschaft gegenüber den arabischen Bestrebungen nach Einheit und nationaler Unabhängigkeit vom Westen wurde so zu *dem* Axiom israelischer Politik. Daher Israels Rolle 1956 im Suez-Krieg. Israels sozialdemokratische Minister haben sich eine Staatsräson zugelegt, die – nicht anders als zuvor die westlichen Kolonialisten – ihre höchste Weisheit darin sieht, die Araber uneinig und rückständig zu halten und ihre reaktionären, haschemitischen oder anderen Feudalelemente gegen die republikanischen, national-revolutionären Kräfte auszuspielen. Als es Anfang 1967 so aussah, als ob eine republikanische Erhebung oder ein Staatsstreich König Hussein stürzen könnte, machte Herrn Eschkols Regierung kein Hehl daraus, daß die israelischen Truppen im Falle eines »nasseristischen Staatsstreichs« in Amman nach Jordanien einmarschieren würden. Und das Vorspiel zu den Ereignissen des letzten Juni lieferte Israels drohende Haltung gegen das neue Regime in Syrien, das es als »nasseristisch« oder gar »ultra-nasseristisch« öffentlich brandmarkte (weil die Regierung Syriens einen Hauch antiimperialistischer und radikaler als die Ägyptens erschien).

Plante Israel im Mai tatsächlich einen Angriff auf Syrien, wie der sowjetische Geheimdienst glaubte und wie Moskau Nasser warnte? Wir wissen es nicht. Als Folge dieser Warnung und mit sowjetischer Ermutigung ordnete Nasser jedenfalls die Mobilisierung und Konzentrierung der Truppen an der Sinai-Grenze an. Wenn Israel solch einen Plan hatte, so mag Nassers Schachzug den Angriff auf Syrien um einige Wochen verzögert haben. Wenn Israel keinen solchen Plan hatte, so gab sein Verhalten seinen antisyrischen Drohungen immerhin die Art von Glaubwürdigkeit, die die arabischen Drohungen in den Augen der Israelis hatten. Jedenfalls waren die Regierenden in Israel ziemlich sicher, daß ihre Aggressivität gegenüber Syrien oder Ägypten im Westen auf Sympathie stoßen und belohnt werden würde. Auf dieser Berechnung beruhte ihre Entscheidung, am 5. Juni den Präventivschlag zu führen. Sie waren sich der moralischen, politischen und wirtschaftlichen Unterstützung durch die Amerikaner und bis zu einem gewissen Grad auch der Briten absolut sicher. Sie wußten, daß sie – gleichgültig, wie weit sie ihren Vorstoß gegen die Araber trieben – auf diplomatische Deckung durch die Amerikaner, zumindest aber auf offizielle amerikanische Duldung zählen konnten. Und sie irrten sich nicht. Das Weiße Haus und das Pentagon konnten nicht umhin, Männer anzuerkennen, die aus eigenen Motiven entschlossen waren, die arabischen Gegner des amerikanischen Neokolonialismus fertigzumachen. General Dayan handelte als eine Art Marschall Ky des Nahen Ostens und erledigte seinen Job mit erschreckender Geschwindigkeit, Tüchtigkeit und Unbarmherzigkeit. Er war – und ist – ein viel billigerer und weniger peinlicher Bundesgenosse als Ky.

Das Verhalten der Araber und besonders Nassers Zwiespältigkeit und Zögern am Vorabend der Feindseligkeiten kontrastiert auffallend mit Israels Entschlossenheit und ungezügelter Aggressivität. Nachdem Nasser, von den Sowjets ermuntert, seine Truppen an die Sinai-Grenze verlegt und sogar seine russischen Raketen in Stellung gebracht hatte, verhängte er ohne vorherige Konsultation mit Moskau die Blockade über die Meerenge von Tiran. Das war ein provozierender Zug, wenn auch von begrenzter praktischer Bedeutung. Die Westmächte hielten es nicht der Mühe wert, die Blockade zu »testen«. Das verschaffte Nasser seinen

Prestigegewinn und ermöglichte ihm zu erklären, er habe Israel die letzten Früchte seines Sieges von 1956 wieder abgerungen. (Vor dem Suez-Krieg konnten israelische Schiffe diese Meerenge nicht passieren.) Die Israelis spielten die Blockade zu einer tödlichen Gefahr für ihre Wirtschaft hoch, was sie keineswegs war, und antworteten mit der Mobilisierung und Verlegung ihrer Truppen an die Grenzen.

Die sowjetische Propaganda ermutigte die Araber weiterhin öffentlich. Eine Konferenz der KPs des Nahen Ostens jedoch, die im Mai abgehalten wurde (ihre Resolutionen wurden in der Prawda zusammengefaßt), verhielt sich in bezug auf die Krise merkwürdig reserviert und erging sich in kritischen Anspielungen auf Nasser. Wichtiger waren die seltsamen diplomatischen Manöver hinter der Szene. Am 26. Mai weckte der sowjetische Botschafter Nasser mitten in der Nacht (um 2.30 Uhr), um ihn ernsthaft zu warnen, daß die ägyptische Armee keinesfalls als erste das Feuer eröffnen dürfe. Nasser fügte sich. Und er fügte sich so gründlich, daß er nicht nur nicht mit den Kampfhandlungen begann, sondern auch keinerlei Vorsichtsmaßnahmen gegen die Möglichkeit eines israelischen Angriffs traf: Er ließ seine Flugplätze ohne Verteidigung und seine Flugzeuge ungetarnt am Boden. Er machte sich nicht einmal die Mühe, die Meerenge von Tiran zu verminen oder einige Geschütze an ihren Küsten in Stellung zu bringen (wie die Israelis zu ihrer Verblüffung feststellten, als sie dort hinkamen).

All dies erweckt den Eindruck hoffnungsloser Stümperei auf seiten Nassers und des ägyptischen Oberkommandos. Aber die wirklichen Stümper saßen im Kreml. Breschnews und Kossygins Verhalten während dieser Ereignisse erinnert stark an das Chruschtschows während der Kuba-Krise – nur, daß es noch wirrköpfiger war. Das Muster war das gleiche.

In der ersten Phase unnötige Provokation der anderen Seite und ein unverantwortlicher Vorstoß bis an den »Rand des Abgrunds«; in der nächsten Phase plötzliche Panik und hastiger Rückzug; dem folgten dann krampfhafte Versuche, das Gesicht zu wahren und die Spuren zu verwischen. Nachdem sie die Ängste der Araber geweckt hatten, sie zu riskanten Vorstößen ermuntert hatten, ihnen Beistand versprochen und ihre eigenen Flottenverbände ins Mittelmeer verlegt hatten, um den Manövern der Sechsten US-Flotte zu begegnen, banden die Russen Nasser Hände und Füße.

Warum taten sie das? Als die Spannung wuchs, trat der »Heiße Draht« zwischen dem Kreml und dem Weißen Haus in Aktion. Die beiden Supermächte kamen überein, die direkte Intervention zu vermeiden und die beiden streitenden Parteien zu zügeln. Falls sich die Amerikaner den Anschein gaben, die Israelis zu zügeln, müssen sie es so nachlässig getan haben oder mit solchem Augenzwinkern, daß sich die Israelis tatsächlich ermutigt fühlten, ihren Plan eines Präventivschlags in die Tat umzusetzen. (Wir haben jedenfalls nichts davon gehört, daß der amerikanische Botschafter den israelischen Premierminister geweckt hätte, um ihn zu warnen, daß die Israelis nicht als erste das Feuer eröffnen dürften.) Nasser wurde also von den Sowjets heftig, grob und wirksam an die Kandare genommen. Dennoch bleibt Nassers Unterlassung der elementarsten militärischen Vorsichtsmaßregeln ein Rätsel. Hat der sowjetische Botschafter Nasser im Verlauf seines nächtlichen Besuches erzählt, Moskau sei sicher, daß die Israelis nicht als erste angreifen würden? Hat Washington Moskau eine solche Zusicherung gegeben? Und war Moskau so leichtgläubig, es für bare Münze zu nehmen und danach zu handeln? Es scheint unglaublich, daß es so gewesen sein könnte. Aber nur eine solche Version der Ereignisse kann

Nassers Untätigkeit erklären und Moskaus basses Erstaunen bei Ausbruch der Feindseligkeiten.

Hinter all dieser Stümperei wird der zentrale Widerspruch in der sowjetischen Politik sichtbar. Einerseits sehen die sowjetischen Führer in der Erhaltung des internationalen Status quo, einschließlich des gesellschaftlichen Status quo, die wesentliche Bedingung für ihre nationale Sicherheit und »friedliche Koexistenz«. Sie sind deshalb ängstlich darauf bedacht, sich in »sicherer Entfernung« von den Klassenauseinandersetzungen in der Welt zu halten und gefährliche Verwicklungen im Ausland zu vermeiden. Andererseits können sie gefährliche Verwicklungen aus ideologischen und machtpolitischen Gründen nicht gänzlich vermeiden. Sie können sich schlecht in sicherer Entfernung halten, wenn der amerikanische Neokolonialismus direkt oder indirekt mit seinen afro-asiatischen und lateinamerikanischen Feinden zusammenstößt, die auf Moskau als ihren Freund und Beschützer blicken. In normalen Zeiten ist dieser Widerspruch nur latent vorhanden, Moskau arbeitet auf die Entspannung und Annäherung an die USA hin und zugleich unterstützt und bewaffnet es vorsichtig seine afro-asiatischen und kubanischen Freunde. Aber früher oder später kommt der Augenblick der Entscheidung, und der Widerspruch explodiert Moskau ins Gesicht. Die sowjetische Politik muß dann wählen zwischen ihren Verbündeten und Schützlingen, die gegen den Status quo arbeiten, und ihrer eigenen Verpflichtung auf den Status quo. Wenn die Wahl dringend und nicht zu vermeiden ist, optiert Moskau für den Status quo.

Das Dilemma ist real und im Atomzeitalter gefährlich genug. Aber es stellt sich ebenso den USA, denn die USA sind genauso daran interessiert, einen Weltkrieg und atomaren Konflikt zu vermeiden. Das schränkt ihren Handlungsspielraum und ihre Möglichkeit der politisch-ideologischen Offensive weit weniger ein als die der Sowjets. Washington fürchtet viel weniger, daß ein Schritt eines seiner Schützlinge oder seine eigene militärische Intervention zu einer direkten Konfrontation der Supermächte führen könnte. Nach der Kuba-Krise und dem Krieg in Vietnam hat der arabisch-israelische Krieg dies noch einmal sehr deutlich gemacht.

Bis zu einem gewissen Grad ist die gegenwärtige Situation durch den gesamten Verlauf der arabisch-israelischen Beziehungen seit dem Zweiten Weltkrieg, ja sogar seit dem Ersten Weltkrieg geprägt. Dennoch glaube ich, daß die Israelis einige Entscheidungsmöglichkeiten hatten. Es gibt da eine Parabel, mit deren Hilfe ich einmal versuchte, dieses Problem israelischen Zuhörern verständlich zu machen.

Einmal sprang ein Mann aus dem obersten Stock eines brennenden Hauses, in dem bereits viele seiner Familienangehörigen umgekommen waren. Er konnte sein Leben retten, aber im Herunterfallen schlug er auf jemanden auf, der unten stand, und brach diesem Menschen Arme und Beine. Der Mann, der sprang, hatte keine Wahl, aber für den Mann mit den gebrochenen Gliedern war er die Ursache seines Unglücks. Wenn sich beide rational verhielten, würden sie keine Feinde werden. Der Mann, der aus dem brennenden Haus entkam, würde, sobald er sich erholt hätte, versuchen, dem anderen Betroffenen zu helfen und ihn zu trösten; und jener hätte vielleicht eingesehen, daß er das Opfer von Umständen geworden war, die keiner von beiden unter Kontrolle hatte. Was aber geschieht, wenn diese beiden Leute sich irrational verhalten? Der Verletzte gibt dem andern die Schuld an seinem Unglück und schwört, daß er ihn dafür bezahlen lassen wird. Der andere, aus Angst vor der Rache des verkrüppelten Mannes, beleidigt, tritt und schlägt ihn, wann immer er ihn trifft. Der getretene Mann schwört erneut Rache und wird wieder geschlagen und bestraft. Die bittere Feindschaft, die zunächst ganz zufällig war, verhärtet sich und überschattet schließlich die gesamte Existenz der beiden Männer und vergiftet ihr Denken.

Sie werden sich sicher selbst, die Überreste des europäischen Judentums in Israel, in jenem Mann wiedererkennen, der aus dem brennenden Haus sprang (sagte ich zu meinen israelischen Zuhörern). Die andere Person stellt natürlich die palästinensischen Araber dar, über eine Million von ihnen, die Land und Zuhause verloren haben. Sie sind empört; sie starren von jenseits der Grenzen auf ihre alten Heimatorte; sie überfallen euch heimlich und schwören Rache. Ihr schlagt und tretet sie erbarmungslos; ihr habt gezeigt, daß ihr wißt, wie man das macht. Aber was ist der Sinn des Ganzen? Und was ist davon zu erwarten?

Die Verantwortung für die Tragödie der europäischen Juden, für Auschwitz, Majdanek und das Gemetzel in den Ghettos liegt einzig bei der westlichen bürgerlichen »Zivilisation«, deren rechtmäßiger Abkömmling der Nationalsozialismus war. Doch es waren die Araber, die schließlich den Preis für die Verbrechen zahlen mußten, die der Westen an den Juden begangen hat. Man läßt sie auch heute noch zahlen, denn das »Schuldbewußtsein« des Westens ist natürlich pro-israelisch und anti-arabisch. Und wie leicht hat Israel sich bestechen und täuschen lassen durch das falsche »Sühnegeld«.

Ein rationales Verhältnis zwischen Israelis und Arabern wäre möglich gewesen, wenn Israel es wenigstens versucht hätte; wenn der Mann, der aus dem brennenden Haus sprang, den Versuch gemachte hätte, Freund zu werden mit dem unschuldigen Opfer seines Falls und es zu entschädigen. Das geschah nicht. Israel hat die Berechtigung für den Groll der Araber niemals anerkannt. Von allem Anfang an hat der Zionismus auf die Schaffung eines rein jüdischen Staates hingearbeitet und war froh, die arabischen Bewohner des Landes loszuwerden. Keine israelische Regierung hat sich je ernsthaft bemüht, das Übel aus der Welt zu schaffen oder doch zu mildern. Sie lehnten es sogar ab, das Schicksal der riesigen Flüchtlingsmassen in ihre Überlegungen einzubeziehen, solange die arabischen Staaten Israel nicht anerkannten, d. h. solange sich die Araber nicht politisch ergaben, noch ehe sie in Verhandlungen eintraten. Vielleicht ließe sich das noch als Feilschtaktik entschuldigen. Die verhängnisvolle Verschärfung der arabisch-israelischen Beziehungen brachte dann der Suez-Krieg, als Israel sich schamlos als Stoßtrupp hergab für die alten bankrotten Mächte des europäischen Imperialismus, die mit ihrem letzten gemeinsamen Auftreten im Nahen Osten versuchten, Ägypten unter ihrer Kontrolle zu behalten. Die Israelis hatten es nicht nötig, mit den Aktionären der Suez-Kanal-Gesellschaft gemeinsame Sache zu machen. Das Für und Wider war klar; keine Spur irgendeiner Vermischung von Recht und Unrecht auf einer der beiden Seiten. Die Israelis setzten sich selbst total ins Unrecht, sowohl moralisch wie politisch.

Oberflächlich gesehen ist der arabisch-israelische Konflikt nur ein Zusammenstoß zweier rivalisierender Nationalismen, die sich beide im Teufelskreis ihrer selbstgerechten und übersteigerten Ambitionen drehen. Vom Standpunkt eines abstrakten Internationalismus aus wäre nichts leichter, beide als gleich wertlos und reaktionär abzutun. Doch würde ein solcher Standpunkt die sozialen und politischen Gegebenheiten der Situation ignorieren. Der Nationalismus der Völker in halbkolonialen oder kolonialen Ländern, die für ihre Unabhängigkeit kämpfen, darf nicht auf dieselbe moralisch-politische Stufe gestellt werden wie der Nationalismus von Eroberern und Unterdrückern. Der erstere hat seine geschichtliche Berechtigung und einen fortschrittlichen Aspekt, was der letztere nicht hat. Selbstverständlich zählt der arabische Nationalismus im Gegensatz zum israelischen noch zur ersteren Kategorie.

Aber selbst der Nationalismus der Ausgebeuteten und Unterdrückten sollte nicht unkritisch betrachtet werden, denn es gibt verschiedene Phasen in seiner Entwicklung. In der einen Phase herrschen die progressiven Bestrebungen vor, in einer anderen kommen reaktionäre Tendenzen nach oben. Von dem Augenblick an, da die Unabhängigkeit gewonnen oder fast gewonnen ist, tendiert der Nationalismus dazu, seinen revolutionären Aspekt gänzlich abzuwerfen und sich in eine rückwärtsgewandte Ideologie zu verwandeln. Wir haben das in Indien, Indonesien und Israel erlebt und in gewissem Maße auch in China. Und selbst in der revolutionären Phase hat jeder Nationalismus einen Schuß Irrationalität, einen Hang zur Ausschließlichkeit, zu nationalem Egoismus und zu Rassismus. Trotz all seiner historischen Verdienste und fortschrittlichen Funktion enthält auch der arabische Nationalismus solche reaktionären Bestandteile.

Die Juni-Krise hat einige der grundlegenden Schwächen des arabischen politischen Denkens und Handelns aufgedeckt: den Mangel an politischer Strategie, einen Hang zu emotionaler Selbstberauschung und ein übermäßiges Vertrauen in nationalistische Demagogie. Diese Schwächen waren mit die entscheidenden Ursachen für die arabische Niederlage. Indem sie in Drohungen schwelgten, Israel zu zerstören und sogar »auszurotten« – und wie hohl diese Drohungen waren, hat sich an der völligen militärischen

Unvorbereitetheit der Araber hinlänglich erwiesen –, haben einige der ägyptischen und jordanischen Propagandisten dem israelischen Chauvinismus reichlich Nahrung geliefert und es der israelischen Regierung ermöglicht, die Massen des Volkes aufzuputschen zu jenem Ausbruch von Furcht und wilder Aggressivität, die dann über die Häupter der Araber hereinbrach.

Es ist eine Binsenwahrheit, daß Krieg eine Fortführung der Politik ist. Der Sechs-Tage-Krieg hat die relative Unreife der arabischen Regimes offenbart. Die Israelis verdanken ihren Triumph nicht nur dem Präventivschlag, sondern auch einer modernen wirtschaftlichen, politischen und militärischen Organisation. In gewisser Weise zog dieser Krieg Bilanz aus einem Jahrzehnt arabischer Entwicklung seit der Suez-Krise und enthüllte deren schwere Unzulänglichkeiten. Die Modernisierung der sozioökonomischen Strukturen Ägyptens und der anderen arabischen Staaten sowie des arabischen politischen Denkens vollzog sich weit langsamer, als die Leute, die zu einer Idealisierung der gegenwärtigen arabischen Regime neigen, bisher annahmen.

Die anhaltende Rückständigkeit hat ihre Wurzeln natürlich in sozioökonomischen Bedingungen. Doch sind die arabische Ideologie und die Methoden der Organisierung selbst Faktoren der Schwäche. Ich denke dabei an das Einparteiensystem, an den Kult des Nasserismus und den Mangel an freier Diskussion. All dies hat die politische Bildung der Massen und die sozialistische Aufklärungsarbeit stark gehemmt. Die negativen Auswirkungen machten sich auf verschiedenen Ebenen bemerkbar. Wenn die wesentlichen politischen Entscheidungen von einem mehr oder weniger autokratischen Führer abhängen, gibt es in normalen Zeiten keine echte Beteiligung des Volkes an den politischen Prozessen, kein wachsames und aktives Bewußtsein, keine Initiative von unten. Das hat viele, selbst militärische, Konsequenzen. Der mit konventionellen Waffen geführte Präventivschlag der Israelis hätte nicht eine solch verheerende Wirkung gehabt, wenn Ägyptens Streitkräfte daran gewöhnt gewesen wären, sich auf die Initiative einzelner Offiziere und Soldaten zu verlassen. Örtliche Kommandeure hätten dann die elementaren Verteidigungsmaßnahmen getroffen, ohne auf Befehle von oben zu warten. Die militärische Unfähigkeit spiegelt hier eine umfassendere und tiefere sozialpolitische Schwäche. Die Methoden der Militärbürokratie des Nasserismus behindern auch die politische Integration der arabischen Befreiungsbewegung. Nationalistische Demagogie blüht nur zu leicht; sie ist jedoch kein Ersatz für einen wirklichen Impuls zu nationaler Einheit und für eine wirkliche Mobilisierung der Volksmassen gegen spalterische, feudale und reaktionäre Elemente. Wir haben erlebt, wie das übermäßige Vertrauen in einen einzigen Führer das Schicksal der Araberstaaten im Notfall faktisch von der Intervention der Großmächte und den Zufällen diplomatischer Manöver abhängig macht.

Paradoxer- und groteskerweise erscheinen die Israelis nun in der Rolle der Preußen des Nahen Ostens. Sie haben jetzt drei Kriege gegen ihre arabischen Nachbarn gewonnen. Genauso besiegten vor hundert Jahren die Preußen alle ihre Nachbarn innerhalb weniger Jahre – die Dänen, die Österreicher und die Franzosen. Die Kette von Siegen weckte in ihnen ein absolutes Vertrauen in ihre eigene Tätigkeit, ein blindes Bauen auf die Kraft ihrer Waffen, chauvinistische Arroganz und Verachtung für andere Völker. Ich fürchte, daß eine ähnliche Entartung – denn es ist Entartung – im politischen Charakter Israels stattfinden könnte. Doch Israel kann als das Preußen des Nahen Ostens nur eine schwache

Parodie des Originals sein. Die Preußen brachten es immerhin fertig, mit Hilfe ihrer Siege alle deutschsprachigen Völker außerhalb des österreichisch-ungarischen Kaiserreichs in ihrem Reich zu vereinen. Deutschlands Nachbarn waren untereinander zerstritten aufgrund unterschiedlicher Interessen, Geschichte, Religion und Sprache. Bismarck, Wilhelm II. und Hitler konnten sie gegeneinander ausspielen. Die Israelis sind nur von Arabern umgeben. Der Versuch, die arabischen Staaten gegeneinander auszuspielen, ist letzten Endes zum Scheitern verurteilt. Die Araber lagen sich 1948 in den Haaren, als Israel seinen ersten Krieg führte; während Israels zweitem Krieg 1956 waren sie weit weniger gespalten, und 1967 bildeten sie eine gemeinsame Front. In einer künftigen Konfrontation mit Israel können sie sich als bedeutend fester vereint erweisen.

Die Deutschen haben ihre eigene Erfahrung in dem bitteren Satz zusammengefaßt: »*Man kann sich totsiegen!*«[2] »Du kannst dich selbst siegreich ins Grab treiben.« Das haben die Israelis getan. Sie haben weit mehr abgebissen, als sie schlucken können. In den eroberten Gebieten und in Israel zusammen leben jetzt beinahe eineinhalb Millionen Araber, gut 40 Prozent der Gesamtbevölkerung. Wollen die Israelis diese Masse der Araber ausweisen, um die eroberten Gebiete »sicher« im Griff zu behalten? Das würde ein neues Flüchtlingsproblem schaffen, gefährlicher und größer als das alte. Werden sie die eroberten Gebiete aufgeben? Die meisten ihrer Führer sagen »Nein«. Ben Gurion, der böse Geist des israelischen Chauvinismus, drängt auf die Schaffung eines »arabisch-palästinensischen Staates« am Jordan, der dann ein israelisches Protektorat sein würde. Kann Israel erwarten, daß die Araber ein solches Protektorat akzeptieren werden? Daß sie es nicht bis aufs Blut bekämpfen werden? Keine der israelischen Parteien ist bereit, einen binationalen arabisch-israelischen Staat auch nur zu erwägen. In der Zwischenzeit hat man eine große Zahl von Arabern dazu »bewegt« , ihre Heimat am Jordan zu verlassen, und die Behandlung derer, die zurückblieben, ist weit schlimmer als die der arabischen Minderheit in Israel, die neunzehn Jahre lang unter Kriegsrecht leben mußte. Ja, dieser Sieg ist für Israel schlimmer als eine Niederlage. Weit davon entfernt, Israel einen höheren Grad an Sicherheit zu gewähren, hat er es weit unsicherer gemacht. Wenn arabische Vergeltung und Ausrottung das ist, was die Israelis fürchteten, dann haben sie sich so verhalten, als wären sie versessen darauf, ein Schreckgespenst in eine aktuelle Bedrohung zu verwandeln.

Es gab einen Augenblick während des Waffenstillstands, wo es so aussah, als ob Ägyptens Niederlage zu Nassers Sturz und dem Ende der mit seinem Namen verknüpften Politik führen würde. Wäre das geschehen, so hätte es den Nahen Osten zweifellos zurück in den Einflußbereich des Westens gebracht. Ägypten wäre vielleicht ein zweites Ghana oder Indonesien geworden. Das geschah jedoch nicht. Die arabischen Massen verhinderten es, die auf die Straßen und Plätze von Kairo, Damaskus und Beirut liefen und forderten, Nasser solle im Amt bleiben. Es war einer jener seltenen historischen Impulse durch das Volk, die innerhalb weniger Augenblicke ein politisches Gleichgewicht wiederherstellen oder zum Kippen bringen. Diesmal, in der Stunde der Niederlage, zeitigte die Initiative von unten eine unmittelbare Wirkung. Es gibt nur wenige Beispiele in der Geschichte, wo ein Volk seinem geschlagenen Führer auf diese Weise beigestanden hat. Die Situation ist natürlich noch veränderlich. Reaktionäre Einflüsse werden weiterhin in den arabischen Staaten auf einen Putsch nach ghanesischem oder indonesischem Vorbild hinarbeiten. Für den Augenblick jedoch sind dem Neokolonialismus die Früchte des israelischen »Sieges« versagt.

»Die Russen haben uns im Stich gelassen!« – so der bittere Aufschrei, der im Juni aus Kairo, Damaskus und Beirut zu hören war. Und als die Araber den sowjetischen Delegierten bei den Vereinten Nationen im Einklang mit den Amerikanern für einen Waffenstillstand stimmen sahen, der keine Bedingungen über einen Rückzug der israelischen Truppen enthielt, fühlten sie sich ganz und gar verraten. »Die Sowjetunion wird jetzt zu einer zweit- oder viertklassigen Macht herabsinken«, soll Nasser dem sowjetischen Botschafter gesagt haben. Die Ereignisse schienen den chinesischen Vorwurf eines geheimen sowjetischen Zusammenspiels mit den Vereinigten Staaten zu bestätigen. Das Debakel rief auch in Osteuropa Alarmstimmung hervor. »Wenn die Sowjetunion Ägypten so im Stich lassen konnte, kann sie dann nicht dasselbe mit uns machen, wenn wir erneut einem deutschen Angriff gegenüberstehen?« fragten sich die Polen und Tschechen. Auch die Jugoslawen waren empört. Tito, Gomulka und andere Führer eilten nach Moskau, um eine Erklärung und eine Rettungsaktion für die Araber zu verlangen. Dies war um so bemerkenswerter, als die Forderung von den »Gemäßigten« und »Revisionisten« kam, die sonst für »friedliche Koexistenz« und Annäherung an die USA eintraten. Nun waren sie es, die vom sowjetischen »Zusammenspiel mit dem amerikanischen Imperialismus« sprachen.

Die sowjetischen Führer mußten etwas unternehmen. Die Tatsache, daß das Eingreifen der arabischen Massen Nassers Regime gerettet hatte, verschaffte Moskau ganz unerwartet neuen Handlungsspielraum. Nach dem großen Reinfall traten die sowjetischen Führer wieder als die Freunde und

Beschützer der Araberstaaten auf. Ein paar spektakuläre Gesten, der Abbruch der diplomatischen Beziehungen mit Israel und einige Reden vor den Vereinten Nationen kosteten sie nicht viel. Sogar das Weiße Haus zeigte »Verständnis« für Moskaus »mißliche Lage« und die »taktische Notwendigkeit«, die Kossygin umgehend vor die Vollversammlung der Vereinten Nationen brachte.

Jedoch bedurfte es etwas mehr als Gesten, um die sowjetische Position wiederherzustellen. Die Araber forderten, die Sowjetunion solle ihnen sofort helfen, ihre militärische Schlagkraft wiederaufzubauen, die sie ja schließlich durch Befolgen des sowjetischen Rats eingebüßt hätten. Sie verlangten neue Flugzeuge, neue Panzer, neue Gewehre, neue Munitionsvorräte. Aber abgesehen von den entstehenden Kosten – der Wert der von Ägypten allein eingebüßten militärischen Ausrüstung wird auf eine Milliarde Pfund geschätzt –, birgt der Wiederaufbau der arabischen Streitkräfte vom Standpunkt Moskaus aus gesehen große politische Risiken. Die Araber lehnen es ab, mit Israel zu verhandeln; sie können es sich leisten zuzusehen, wie Israel an seinem Sieg erstickt. Die Wiederaufrüstung ist Kairos oberstes Ziel. Israel hat die Ägypter eine Lektion gelehrt; das nächste Mal könnte die ägyptische Luftwaffe den Präventivschlag führen. Und Moskau muß nun entscheiden, ob es die Waffen für diesen Schlag liefern will.

Moskau kann den Gedanken eines solchen arabischen Vergeltungsschlags nicht gutheißen, noch kann es die Wiederbewaffnung Ägyptens verweigern. Doch wird die arabische Wiederaufrüstung Israel mit ziemlicher Sicherheit dazu verleiten, diese Entwicklung zu stoppen und einen erneuten Präventivschlag zu führen, worauf die Sowjetunion sich noch einmal dem Dilemma gegenüber sähe, das ihr schon im Mai und Juni über den Kopf gewachsen ist. Wenn Ägypten zuerst angriffe, würden die Vereinigten Staaten fast sicher eingreifen. Ihre Sechste Flotte würde nicht vom Mittelmeer aus zusehen, wenn die israelische Luftwaffe kampfunfähig gemacht würde und die Araber sich anschickten, in Jerusalem oder Tel Aviv einzumarschieren. Wenn sich die UdSSR wieder aus dem Konflikt heraushielte, würde sie ihre internationale Machtposition unwiderbringlich verspielen.

Eine Woche nach dem Waffenstillstand war der sowjetische Stabschef in Kairo; sowjetische Berater und Experten bevölkerten die Hotels und begannen mit dem Wiederaufbau der ägyptischen Streitkräfte. Aber Moskau kann einem arabisch-israelischen Wettstreit in Präventivschlägen und seinen weitreichenden Implikationen nicht gleichgültig entgegensehen. Vermutlich pflegten die sowjetischen Experten in Kairo Eile mit Weile, während die sowjetische Diplomatie versuchte, für die Araber »den Frieden zu gewinnen«, nachdem sie ihnen den Krieg verloren hatten. Aber kein noch so kluges Hinhalten kann das zentrale Problem der sowjetischen Politik lösen. Wie lange kann sich die Sowjetunion den amerikanischen Vorstoß gefallen lassen? Wie weit kann sie vor der amerikanischen ökonomisch-politischen und militärischen Offensive quer durch Afrika und Asien zurückweichen? Nicht umsonst hat »Krasnaya Zvezda« schon im Juni zu bedenken gegeben, daß die derzeitige sowjetische Konzeption der friedlichen Koexistenz vielleicht revisionsbedürftig sei. Die Militärs – und nicht nur sie – fürchten, daß sowjetisches Zurückweichen die Dynamik des amerikanischen Vorstoßes nur erhöht, und daß, wenn es so weitergeht, ein direkter sowjetisch-amerikanischer Zusammenstoß unvermeidlich werden könnte. Wenn Breschnew und Kossygin mit diesem Problem nicht fertigwerden, ist ein

Führerwechsel sehr wahrscheinlich. Die kubanische und die vietnamesische Krise trugen zum Sturz Chruschtschows bei. Die vollen Konsequenzen der Nahostkrise müssen sich erst noch zeigen.

Ich glaube nicht, daß der Konflikt zwischen Arabern und Israelis militärisch lösbar ist. Ganz sicher kann niemand den arabischen Staaten das Recht bestreiten, ihre Streitkräfte bis zu einem gewissen Grad wiederaufzubauen. Aber was sie weit dringender brauchen, ist eine soziale und politische Strategie sowie neue Methoden in ihrem Befreiungskampf. Es darf keine rein negative, von antiisraelischer Besessenheit beherrschte Strategie sein. Sie mögen es ablehnen, mit Israel zu verhandeln, solange Israel die eroberten Gebiete nicht aufgegeben hat. Sie werden sich zwangsläufig einem Besatzungsregime am Jordan und im Gaza-Streifen widersetzen. Aber das muß nicht erneut Krieg bedeuten.

Die Strategie, die den Arabern weit größeren Gewinn als jeder Heilige Krieg oder Präventivschlag bringen kann – eine Strategie, die einen wirklichen Sieg bringen würde, einen zivilisierten Sieg –, muß sich konzentrieren auf die unerläßliche und dringende, intensive Modernisierung der arabischen Wirtschaftsstruktur und Politik sowie auf die Notwendigkeit einer echten Integration aller Lebensbereiche der arabischen Nation, die heute noch zersplittert sind durch die alten ererbten und von den Imperialisten geförderten Grenzen und Spaltungen. Diese Ziele können nur befördert werden, wenn man die revolutionären und sozialistischen Tendenzen in der arabischen Politik stärkt und entwickelt.

Schließlich wird der arabische Nationalismus als befreiende Kraft unvergleichlich viel wirksamer sein, wenn er durch ein internationalistisches Element diszipliniert und rationalisiert wird, das es den Arabern ermöglichen wird, an das

Problem Israel realistischer als bisher heranzugehen. Sie können nicht fortfahren, Israels Recht auf Existenz zu bestreiten und sich in blutrünstiger Rhetorik zu ergehen. Wirtschaftliches Wachstum, Industrialisierung, Bildung, leistungsfähigere Organisation und eine nüchternere Politik müssen den Arabern geben, was rein zahlenmäßige Überlegenheit und antiisraelische Wut nicht zu geben vermochten: ein tatsächliches Übergewicht, das Israel beinahe automatisch auf seine bescheidenen Ausmaße und seine wirkliche Bedeutung im Nahen Osten beschränken würde.

Das ist natürlich kein kurzfristiges Programm. Aber seine Verwirklichung dürfte nicht allzu viel Zeit benötigen, und außerdem gibt es keinen kürzeren Weg zur Befreiung. Die Abkürzungswege von Demagogie, Rache und Krieg haben sich als verheerend genug erwiesen. Inzwischen sollte sich die arabische Politik auf einen direkten Appell an das israelische Volk stützen, einen Appell an die Arbeiter und Kibbutzim, über die Köpfe der israelischen Regierung hinweg. Durch klare Zusagen und Versprechen, daß Israels legitime Interessen respektiert werden und daß Israel sogar als Mitglied einer künftigen Nahost-Föderation willkommen wäre, sollten ihnen ihre Ängste genommen werden. Das würde die Orgie des israelischen Chauvinismus zum Abklingen bringen und Widerstand gegen Eschkols und Dayans Politik der Eroberung und Vorherrschaft fördern. Das Reaktionsvermögen der israelischen Arbeiter auf einen solchen Appell sollte nicht unterschätzt werden.

Mehr Unabhängigkeit vom Spiel der Großmächte ist ebenfalls vonnöten. Dieses Spiel hat die gesellschaftspolitische Entwicklung des Nahen Ostens gestört. Ich habe gezeigt, wieviel der amerikanische Einfluß dazu beigetragen hat, Israels Politik ihren heutigen abstoßenden und reaktionären

Charakter zu geben. Doch der russische Einfluß hat auch einiges getan, um die arabischen Köpfe zu verdrehen, indem er sie mit windigen Schlagworten und Demagogie fütterte, während Moskaus Egoismus und Opportunismus gleichzeitig bei den Arabern Desillusionierung und Zynismus nährte. Wenn die Nahostpolitik weiterhin ein Spielzeug der Großmächte bleibt, sind die Aussichten allerdings finster. Weder Araber noch Juden werden aus ihrem Teufelskreis ausbrechen können. Genau das ist es, was wir von der Linken sowohl Arabern wie Juden in aller Klarheit und Direktheit sagen müssen.

Die Verwirrung in der internationalen Linken ist unbestreitbar und weit verbreitet. Ich will hier weder von solchen »Freunden Israels« wie G. Mollet und Co. sprechen, die genau wie Lord Avon und Selwyn Lloyd[3] in diesem Krieg eine Fortsetzung der Suez-Kampagne und eine Rache für ihren Mißerfolg von 1956 sahen, noch werde ich ein Wort auf die zionistische Lobby im rechten Flügel der Labour Party verschwenden. Aber selbst Männer vom »extrem linken« Flügel dieser Partei wie Sidney Silverman haben sich so verhalten, als wollten sie die Richtigkeit des Sprichwortes belegen: »Kratze an einem jüdischen Linken – und es kommt doch nur ein Zionist zum Vorschein.«

Aber die Verwirrung zeigte sich noch weiter links und erfaßte selbst Leute mit einer ansonsten unangreifbaren Vergangenheit, was ihren Kampf gegen den Imperialismus betrifft. Ein französischer Schriftsteller, der für seine mutige Haltung gegen den Krieg in Algerien und Vietnam bekannt war, rief diesmal zur Solidarität mit Israel auf und erklärte, wenn Israels Überleben eine amerikanische Intervention erfordere, dann sei er dafür und würde sogar in den Ruf ausbrechen: »Vive le Président Johnson«. Ist ihm gar nicht aufgefallen, wie widersinnig es ist, in Vietnam »Nieder mit Johnson« und in Israel »Es lebe Johnson« zu rufen? Selbst Jean-Paul Sartre rief zur Solidarität mit Israel auf, wenn auch mit Vorbehalt, sprach dann allerdings offen über die Verwirrung in seinem eigenen Denken und über die Ursachen dafür. Während des Zweiten Weltkrieges, so erklärte er, lernte er als Mitglied der *Résistance* die Juden als Brüder zu betrachten, die unter allen Umständen zu verteidigen waren. Während des Algerien-Krieges waren die Araber seine Brüder, und er trat für sie ein. Der gegenwärtige Konflikt war deshalb für ihn ein brudermörderischer Kampf, in dem er kein kühles Urteil fällen konnte, sondern von widerstreitenden Gefühlen überwältigt wurde.

Dennoch müssen wir uns ein Urteil bilden und dürfen nicht zulassen, daß Emotionen und Erinnerungen unser Urteilsvermögen trüben, wie tief oder quälend sie auch sein mögen. Wir dürfen noch nicht einmal zulassen, daß die Berufung auf Auschwitz uns unter Druck setzt, die falsche Sache zu unterstützen. Ich spreche als Marxist jüdischer Herkunft, dessen nächste Angehörige in Auschwitz umgekommen sind und dessen Verwandte in Israel leben. Man erweist Israel einen schlechten Dienst und schadet ihm auf lange Sicht, wenn man seine Kriege gegen die Araber rechtfertigt oder entschuldigt. Israels Sicherheit – lassen Sie mich das wiederholen – wurde durch die Kriege von 1956 und 1967 nicht verstärkt; sie wurde im Gegenteil untergraben und kompromittiert. Die »Freunde Israels« haben es in Wirklichkeit auf einen zerstörerischen Kurs gebracht.

Sie haben auch zwangsläufig der reaktionären Stimmung Vorschub geleistet, die Israel während der Krise ergriffen hat. Ich habe in jenen Tagen nur mit Abscheu die Szenen aus Israel im Fernsehen sehen können: das Zurschaustellen von Erobererstolz und Brutalität, den Ausbruch von Chauvinismus und das wilde Feiern dieses unrühmlichen Triumphs, die in so scharfem Gegensatz zu den Bildern des Leidens und der Verzweiflung der Araber standen, den Trecks jordanischer Flüchtlinge und den Leichen ägyptischer Soldaten, die in der Wüste verdurstet waren. Ich sah auf die mittelalterlichen Gestalten der Rabbiner und *Chassidim*, die voll Freude an der Klagemauer hüpften, und ich spürte, wie die Geister des talmudischen Obskurantismus – die ich nur zu gut kenne – auf das Land einstürmten, wie schwer und erstickend die Atmosphäre in Israel geworden war. Dann kamen die vielen Interviews mit General Dayan, dem Helden und Retter mit dem politischen Verstand eines Oberfeldwebels, der mit den Annexionen prahlte und einer groben Gefühllosigkeit über das Schicksal der Araber in den besetzten Gebieten freien Lauf ließ. (»Was gehen die mich an? Von mir aus können sie gehen oder bleiben.«) Bereits gehüllt in eine falsche militärische Legende – sie ist falsch, weil Dayan die Sechs-Tage-Kampagne weder geplant noch geleitet hat – machte er eine ziemlich finstere Figur, trat auf wie ein Kandidat für den Posten des Diktators: Andeutungen waren im Umlauf, daß – falls die zivilen Parteien zu »milde« mit den Arabern umgehen – dieser neue Josuah, dieser Mini-de Gaulle, sie eine Lektion lehren, die Macht übernehmen und Israels »Ruhm« noch steigern werde. Und hinter Dayan stand Begin, Minister und Führer des extrem rechten Flügels des Zionisten, der schon seit langem den Anspruch erhob, daß Transjordanien ein Teil des »historischen« Israel sei. Ein reaktionärer Krieg züchtet unvermeidlich die Helden, die Stimmung und die Folgen, in denen sich sein Charakter und seine Ziele getreulich widerspiegeln.

Auf einer erweiterten historischen Ebene findet die jüdische Tragödie in Israel nun ihre traurige Fortsetzung. Israels

Führer ergehen sich in Selbstrechtfertigungen und beuten Auschwitz und Treblinka für sich aus. Aber ihre Taten sprechen der wirklichen Bedeutung der jüdischen Tragödie Hohn.

Die europäischen Juden zahlten einen schrecklichen Preis für die Rolle, die sie in vergangenen Zeiten gespielt haben, nicht aus eigenem Willen, sondern als Vertreter einer Marktwirtschaft und des »Geldes« unter Völkern, die noch innerhalb einer geldlosen, agrikulturellen Naturalwirtschaft lebten. Sie waren die auffallenden Träger des frühen Kapitalismus – Händler und Geldverleiher – in einer vorkapitalistischen Gesellschaft. Das Bild des reichen jüdischen Kaufmanns und Wucherers lebte in der nichtjüdischen Folklore weiter und blieb eingegraben ins Bewußtsein des Volkes, wo es Mißtrauen und Ängste weckte. Die Nazis griffen dieses Bild auf, vergröberten es zu kolossalen Dimensionen und führten es den Massen ständig vor Augen.

August Bebel hat einmal gesagt, daß Antisemitismus der »Sozialismus des dummen Kerls« sei. Diese Art »Sozialismus« gab es im Überfluß zur Zeit der Großen Depression, der Massenarbeitslosigkeit und des Massenelends in den dreißiger Jahren und von echtem Sozialismus nur zu wenig. Die europäischen Arbeiterklassen waren nicht in der Lage, die bürgerliche Ordnung zu stürzen, aber der Haß auf den Kapitalismus war heftig und verbreitet genug, um sich ein Ventil zu schaffen und auf einen Sündenbock zu konzentrieren. In den unteren Mittelklassen, der Lumpenbourgeoisie und dem Lumpenproletariat, mischte sich ein frustrierter Antikapitalismus mit Angst vor dem Kommunismus und einem neurotischen Fremdenhaß. Die Nazis konnten die Juden deshalb so wirkungsvoll als Köder benutzen, weil das Bild des Juden als fremder und bösartiger »Blutsauger« für allzu viele immer noch Aktualität besaß. Das erklärt auch die relative Indifferenz und Passivität, mit der so viele Nichtdeutsche dem Abschlachten der Juden zusahen. Der Sozialismus der dummen Kerle sah mit Vergnügen zu, wie Shylock in die Gaskammer geführt wurde.

Israel versprach nicht nur, den Überlebenden der europäisch-jüdischen Gemeinden eine »nationale Heimstatt« zu geben, sondern sie auch von dem tödlichen Stigma zu befreien. Das war die Botschaft der Kibbutzim, der Histadruth und im großen und ganzen sogar des Zionismus. Die Juden würden aufhören, unproduktive Elemente, Krämer, wirtschaftliche und kulturelle Eindringlinge, Träger des Kapitalismus zu sein. Sie würden sich in »ihrem eigenen Land« als »produktive Arbeiter« niederlassen.

Doch nun tauchen sie im Nahen Osten wieder einmal in der Haß aussäenden Rolle von Agenten nicht so sehr ihres eigenen, schwachen Kapitalismus auf, sondern von mächtigen westlichen Kapitalinteressen und als Schützlinge des Neokolonialismus. So sieht sie die arabische Welt, und nicht ohne Grund. Wieder einmal wecken sie bittere Gefühle und Haß in ihren Nachbarn, die von jeher Opfer des Imperialismus waren oder es noch sind. Welches Verhängnis für das jüdische Volk, in dieser Rolle erscheinen zu müssen! Als Agenten des frühen Kapitalismus waren sie immerhin Pioniere des Fortschritts in einer feudalen Gesellschaft; als Agenten des späten, überreifen, imperialistischen Kapitalismus unserer Tage ist ihre Rolle einfach beklagenswert, und wieder einmal werden sie in die Lage des potentiellen Sündenbocks gebracht. Soll die jüdische Geschichte auf diese Weise den Kreis vollenden? Es könnte das Ergebnis der »Siege« Israels sein, und davor müssen Israels wirkliche Freunde es warnen.

Die Araber muß man andererseits dazu bringen, vor dem Sozialismus oder dem Antiimperialismus der dummen Kerle auf der Hut zu sein. Wir hoffen, daß sie ihm nicht unterliegen werden, daß sie aus ihrer Niederlage lernen und sich davon erholen werden, um den Grundstein für einen wirklich progressiven, einen sozialistischen Nahen Osten zu legen.

Marc Chagall und die jüdische Vorstellungswelt

Franz Meyers *Marc Chagall* ist sicherlich die umfassendste Studie über diesen Künstler. Ich habe die 600 Seiten dieses Buches mit ungebrochener Aufmerksamkeit gelesen und habe über viele Stunden seine wundervollen Reproduktionen betrachtet. Das Buch ist über die letzten Phasen der Kunst Chagalls ebenso informativ wie über ihre frühesten Anfänge. Was der Autor über Chagalls frühe Gemälde schreibt und das, was der Künstler in *Mein Leben* darüber sagt, weckte in mir Erinnerungen an meine eigene jugendliche Begeisterung für Chagall in den frühen zwanziger Jahren.

Meyer ist Chagalls Schwiegersohn; seine Monographie ist offensichtlich Werk kindlicher Liebe und Verehrung, zugleich aber auch eines der Einsicht und Analyse.

Meyer analysiert »die Bedeutung von Chagalls Malerei« und »ihren Platz in der zeitgenössischen Kunst« (wie er sich ausdrückt): Chagall »steht zu vielen für unsere Zeit charakteristischen Tendenzen im Widerspruch: zur wissenschaftlichen Rationalität, zum utilitaristischen Zweckdenken, zur Anonymität des technischen Fortschritts«. Der Maler selbst sieht seine »Mission« darin, gegen die »Krankheit der Rationalisierung« zu kämpfen und uns die »inwärtige Wirklichkeit unserer Seelen« gewahr werden zu lassen. Vielleicht ist es nicht ganz fair, unter Berufung auf einen Künstler derart absolute und hehre philosophische Ansprüche zu erheben oder diese Ansprüche ganz wörtlich zu nehmen, wenn der Künstler selbst sie erhebt.

Ein Kritiker, den Meyer zitiert, kommt dem Kern der Sache vielleicht näher, wenn er in einer Gegenüberstellung von Chagall und Picasso bei Picasso den höchsten Triumph des analytischen Intellekts in der Kunst hervorhebt, während Chagalls Malerei die Apotheose von Gefühl und Emotion sei. Picassos künstlerisches Ideal ist die Objektivität, das Ideal Chagalls – die Subjektivität. Das versucht auch Meyer zu sagen, aber er verdunkelt es eher durch Übertreibung.

Schon in seinen Jugendwerken, die er vor 1910 malte, war Chagall ein Vorläufer des Surrealismus; deutsche Kunsthistoriker sehen in ihm den Begründer des Expressionismus. Mit Chagall, so André Breton, erobern Traum und Metapher die moderne Malerei. Von Anfang an sind die malerischen Motive seiner traumartigen Vision fixiert; dieselben Fragmente der äußeren Realität tauchen immer und immer wieder auf im Strom seiner Phantasie; denn es ist ein einziger Strom der Phantasie, der durch alle seine Bilder fließt – ein einziger Traum, geträumt und gemalt in einer immensen Vielzahl von Variationen.

Meyer betont in seiner Studie den jüdisch-religiösen Hintergrund Chagalls (obwohl er dann in der Zusammenfassung sagt, dies sei nur eines der Elemente, welche die Weltsicht Chagalls bestimmt haben). Er hält fest, daß »die Wurzeln der geistigen Welt seiner Vorläufer, und damit die Quellen seiner Kunst, sich stets aus den Strömen des jüdischen Mystizismus gespeist haben«, und daß Chagalls »fundamentaler Anti-Realismus mit dem Bilderverbot des Judentums übereinstimmt«.

Immer wieder bezieht Meyer sich auf den Chassidismus, die religiöse Romantik des osteuropäischen Judentums, und selbst auf die mittelalterliche Kabbala als Quellen der Inspiration des Malers. Chagalls Judentum ist unbestreitbar – er ist durchdrungen von jüdischer Folklore. Aber seine angebliche Verpflichtung gegenüber der Kabbala und dem jüdischen theologischen Erbe ist wenig glaubhaft, und daß gar sein Surrealismus in irgendeiner Weise mit dem rabbinischen Judentum zusammenginge, läßt sich zuallerletzt behaupten. Die Feindschaft des Judaismus gegenüber allen bildenden Künsten ist notorisch. Durch die rigorose Durchsetzung des Gebots »Du sollst dir kein Bildnis machen« hat die rabbinische Orthodoxie die Entwicklung aller bildenden Künste womöglich noch grausamer unterdrückt als der Calvinismus.

Die Mauern der Synagoge waren kahl und abweisend, selbst wenn unter ihrem Dach sehr zarte liturgische Dichtungen und Gesänge erklangen. Die kleine Stadt im jüdischen Siedlungsgebiet Osteuropas, das *Schtetl,* hatte wundervolle Vorsänger und Musiker, seine Barden, Poeten und volkstümlichen Erzähler; aber es hatte keine Maler und Bildhauer. Selbst die chassidische Revolte gegen die talmudische Scholastik hat die Jahrtausend alte Abscheu vor dem »Bildnis« nicht geschwächt; und die chassidische Wiederbelebung versteinerte nur allzu schnell zu einer neuen rabbinischen Orthodoxie.

Es geschah also unter Mißachtung dieser Tradition, außerhalb der Synagoge und in Opposition zu ihr, wenn ein russischer oder polnischer Jude zu malen begann; und damit begonnen hat er erst kurz vor dem Ende des 19. Jahrhunderts. Isaak Iljitsch Lewitan, der Meister der russischen Landschaftsmalerei, machte seine Karriere in den 80er und 90er Jahren; er wuchs außerhalb des Siedlungs*rayons* (der Juden in Rußland) auf.

Innerhalb des Siedlungs*rayons* trat die erste Generation jüdischer Maler erst später hervor – und Chagall darf noch immer dieser ersten Generation zugerechnet werden, als einer der Pioniere. Für einen Juden bedeutete das Malen Rebellion und ein Stück Emanzipation. Diese Revolte richtete sich ebenso gegen den jüdischen klerikalen Obskurantismus wie gegen die russische Unterdrückung. In der Zeit um das Jahr 1905 warf die rote Fahne ihren Widerschein auf die Leinwand des Künstlers. Chagall wandte sich der gesamten Palette der Malerei, Farben und Formen, gerade in dem Augenblick zu, als die Revolution von 1905 besiegt war – als Verzagtheit und Resignation sich im jüdischen Aussiedlungs-*rayon* und außerhalb ausbreiteten. Die jüdische Intelligenz bereute ihre revolutionären »Verrücktheiten«; zusammen mit ihrem Führer Isaac L. Perez begab sie sich auf den »Weg zurück in die Synagoge«. In Chagall jedoch explodierte die lang unterdrückte bildliche Vorstellungskraft der Juden wie ein Vulkan und erschien ihm in einem Regenbogen.

Und doch ist Chagalls Malerei, bei all ihrer impliziten Rebellion gegen die Fesseln der judaistischen Tradition, jüdisch in einem Sinne, wie es die kosmopolitische Malerei eines Modigliani oder Soutine nicht ist. Im größten Teil seines Werkes, das bedingungslos gegenständlich und symbolistisch ist, bleibt er der Maler seines heimatlichen *Schtetls* Witebsk. Sein Blickwinkel bleibt ganz darauf fixiert. Er malt seine engen, verwinkelten Straßen und Häuser, solange er sich noch an Ort und Stelle befindet; er malt sie weiter in Paris, wo er sie unter die Bögen des Eiffelturms setzt; und er sieht sie wieder in den blutrünstigen Alpträumen zur Zeit des Holocaust des osteuropäischen Judentums. Er malt das *Schtetl* der Zimmerleute und Wasserträger, nicht das der Mittelklassen.

Sein Vater, mit dem wir aus so vielen Gemälden Chagalls vertraut sind, verbrachte sein Leben mit der zermürbenden Arbeit eines Lastträgers, der die Heringsfässer für die örtlichen Händler vor sich her rollte. Die farbenfrohen Erscheinungen, die Chagalls surreale Welt bevölkern, sind Bettler und Fleischer, Viehhändler und Soldaten, Kleinhändler, Wanderprediger und obdachlose Geiger. Manchmal zeichnet er Juden, die in ihrer majestätischen Würde wie Abkömmlinge von den Rabbis Rembrandts aussehen. Aber diese waren, wie er uns selbst mitteilt, Bettler, denen er den Gebetsschal und die Gebetsriemen seines Vaters anlegte, bevor er sie für sich Modell sitzen ließ.

Selbst die Interieurs, die er malt – die *isbas* (Kammern), die wackeligen und armseligen Betten, Tische, Stühle und Vorhänge, die so realistisch sind in ihrer traumhaften Unwirklichkeit – gehören ganz erkennbar zu seinem elterlichen Haus. Er gibt der Armut des *Schtetl* eine Seele und verwandelt sie in Poesie. Und wenn er Bella portraitiert, seine Verlobte und Frau, die Tochter einer reichen jüdischen Familie aus Witebsk, dann zeigt er sie aus der Distanz, schaut auf zu ihr, und unterstreicht so ihren sozialen Status, als malte er eine spanische Prinzessin.

Schaut man auf Chagalls Frühwerk zurück, ist man beeindruckt von der frühreifen Offenbarung seiner künstlerischen Persönlichkeit. Der von niemandem betreute Anfänger der Jahre 1907 bis 1910 gibt seinen Visionen bereits mit atemberaubender Originalität und mutig Gestalt, so in den *Musikern*, der *Hochzeit*, dem *Paar*, der *Heiligen Familie*, der *Beschneidung* und der *Kirmes*.

Anscheinend hat Chagall seinen Ausdruck, sein Gefühl für die Natur, seine Stimmung, seine lebenslangen Motive mit dem ersten Pinselstrich gefunden.

Er nahm recht früh schon die Einflüsse Cézannes, Van Goghs oder Gauguins auf; aber diese Einflüsse gingen gewissermaßen, sobald sie ihn bereichert hatten, in seiner künstlerischen Verfassung auf. Zu seinen ersten Reaktionen auf die Pariser Avantgarde schreibt Meyer: »Chagall borgte sich von den Kubisten ... einige formale Leitlinien... die geometrische Raumaufteilung... die kubistisch ausgedrückte Unterscheidung der Figuren.« Aber, fährt er fort, »der Kubismus hat niemals einen wirklich prägenden Einfluß auf ihn ausgeübt, und seine kubischen Verformungen der Bildfläche und der Figuren bleiben stets ein oberflächliches Phänomen ...«

War Chagalls Antwort auf Picasso und den Kubismus ambivalent, so war seine Reaktion auf die frühen russischen Verfechter der abstrakten Kunst, besonders auf Malewitsch und die sogenannten Suprematisten, von erklärter Feindseligkeit. Ungegenständliche Malerei – das ist für ihn ein Widerspruch in sich; sein Bild von der Welt ist hermetisch und gegenüber jeder fremden Einmischung intolerant.

Die Spontaneität des Chagallschen Surrealismus bezeugt natürlich die Universalität seiner künstlerischen Vorstellungen. Dieser neue »Ismus« mußte wohl in der Luft liegen, wenn er ihn in seinem hinterwäldlerischen Witebsk antizipieren konnte, bevor die Intelligentsia der russischen Hauptstädte auch nur eine Ahnung von seinem neuen »Freudianischen« Zugang zur Kunst hatte.

Vielleicht konnte nur ein junger Künstler, der von jeder akademischen Routine unbelastet war, in derart kühner Weise die realistischen und naturalistischen Konventionen außer acht lassen, die die russische Malerei noch immer beherrschten. Aber Chagalls Surrealismus entsprang eben auch seiner jüdischen Vorstellungswelt. Man könnte sagen, daß die gesamte Existenz der russischen Juden im Ansiedlungsgebiet »surreal« war.

Von Armut und Verfolgung niedergehalten, von Pogromen erschüttert, von einem archaischen Messianismus betäubt, zwischen den Hoffnungen des Zionismus einerseits, des revolutionären Sozialismus andererseits zerrissen, schwebte das osteuropäische Judentum beständig über einem Abgrund. Der jüdische *Luftmensch*, ökonomisch unproduktiv und wurzellos, wie er war, kämpfte ebenso hoffnungslos wie zäh um sein Überleben, und überlebte tatsächlich wie durch ein Wunder.

In seiner Phantasie erhob er sich über die Realitäten seiner Existenz und strebte den luftigen Höhen erfüllter Wünsche zu, nur um ein ums andere Mal in die raue Wirklichkeit hinabgeschleudert zu werden. Die jüdische Vorstellungswelt suchte dieser Realität zu entkommen und das Leben wechselvoll, hell und voll überraschender Wunder darzustellen; und jüdischer Humor und jüdische Selbstironie weinten und lachten über diesen beständigen Zusammenstoß von Hoffnung und Wirklichkeit.

Scholem Alejchem schuf in seinem Menachim Mendel den jüdischen Quijote Osteuropas, eine ebenso sublime und groteske Figur wie die des alten fahrenden Ritters, aber eine, die Sancho Pansa in ihren Charakter miteinschloß. Diese jüdische Gemütslage war die Quelle von Chagalls Gefühlen. In seiner Vorstellung waren Traum und Realität nichts polar Entgegengesetztes, war das eine vom andern nicht getrennt.

Er schaut mit dem verwirrten und fiebrigen Blick des jüdischen Kindes, des Jungen aus dem *Cheder*, in die Welt – eines Jungen, für den das Zeitalter der Wunder noch lebendig ist. Und also schweben die Liebenden *tatsächlich* über den Dächern von Witebsk; ein Bettler ist *wirklich* ein gefallener Engel oder könnte jedenfalls einer sein; und die Sterne antworten *wahrhaftig* auf die Melodie, die der bärtige Geiger vom Dachgiebel zu ihnen hinaufspielt. Hier liegt das Geheimnis der Kunst Chagalls – in ihr ringt die ursprüngliche

Vorstellungswelt eines jüdischen Kindes mit den Alpträumen jüdischer Existenz.

Chagall ist allerdings nicht der Jude im allgemeinen; er ist der russische Jude. Oft schreibt er seine Sehnsüchte auf die Rahmen seiner Bilder; und er tut es in russischen ebenso wie in jiddisch-hebräischen Buchstaben. Die Welt des *Muschik* stößt immerzu an das jüdische Witebsk; und Chagall malt *Ich und die Stadt* in einer Variante nach der anderen.

Obwohl einige seiner Juden wie die Nachfahren der Rabbiner und Kaufleute Amsterdams im 17.Jahrhundert aussehen, die Rembrandt portraitiert hat, ähneln die meisten Figuren Chagalls, seine eigenen Eltern eingeschlossen, eher den bjelorussischen und griechisch-orthodoxen, bäuerlichen Nachbarn.

Und wirklich ist in Chagall sehr viel von einem russischen Bauernpoeten. Es gibt eine enge Verwandtschaft zwischen seinem Surrealismus und dem »Imaginismus« Sergej Jessenins. Chagall, wie Jessenin, erinnert an den *Muschik* des Volksmärchens, dem es gelungen ist, »die Sonne einzufangen und damit seine *isba,* seine Kammer, zu erleuchten«. Ihnen beiden ist die Metapher das Wesentliche.

Auch Chagall »beugt sich vor dem Bild der Kuh über dem Fleischerladen« und ist bereit, »den Schwanz eines russischen Pferdes wie die Schleppe einer Braut zu tragen«. Beide reagieren auf die russische Revolution in ähnlicher Weise: Beide antworten ihren heroischen Appellen, und beide werden heimgesucht von der darauffolgenden Enttäuschung und Demoralisierung.

In Chagalls *Krieg den Palästen* trägt ein riesenhafter Bauer ein Gutshaus auf seinem Kopf und stampft über die Erde. Die Revolution eröffnete Chagall plötzlich Horizonte, von denen er vorher nie geträumt hatte.

Er wurde zum Kommissar für Kunst in der Provinz Witebsk ernannt; mit der Unterstützung von Lunatscharski, Lenins bedeutendem Volkskommissar für Erziehung, eröffnete er eine Akademie der Kunst, in die die Kinder analphabetischer bjelorussischer *Muschiks* und jüdischer Werktätiger *en masse* hineinströmten. Dies war ein beispielloses und erregendes Experiment; Kunst, wagemutige Avantgarde-Kunst, wurde ins Volk getragen.

Als dann das Jüdische Staatstheater in Moskau eröffnet wurde, nahm Chagall seine große Arbeit an diesem Theater auf; er schuf Wandmalereien und Bühnenbilder für die Stücke von Gogol, Tschechow und Scholem Alejchem. Um die außerordentliche Bedeutung der Eröffnung eines Jüdischen Staatstheaters in Moskau zu würdigen, muß man sich erinnern, daß Moskau, die heiligste der heiligen Städte der griechischen Orthodoxie, unter den Zaren praktisch für Juden geschlossen war. Chagall hatte den Ehrgeiz, »aus dem Jüdischen Theater ein Welt-Theater zu machen«; und der Stil seiner Bühnenbilder prägte in der Tat die gesamte fortgeschrittene Bühnenkunst dieser Jahre.

Es war eine große und inspirierende Zeit; aber schon in den frühen Zwanzigern kam Chagall auf einem Tiefpunkt an: Er fand sich eingezwängt zwischen feindseligen Doktrinären der abstrakten Kunst und einem Parteibeamtentum, das bereits nach der Gebrauchskunst des »sozialistischen Realismus« rief. Entmutigt verließ er Moskau und Rußland im Jahre 1922.

Hinter Chagalls künstlerisch mißlicher Lage zeigte sich eine viel tiefere Tragödie. Die Revolution hatte das *Schtetl* von der zaristischen Unterdrückung befreit, aber zugleich seine Lebensweise zum Untergang verurteilt, seine religiösen Traditionen, seine kleinen Händler und Handwerker und seine *Luftmenschen*.

Hier zeigt sich wieder eine Analogie zwischen Chagall und Jessenin; denn die Revolution hatte ebenso wie die *Schtetl*-Juden Jessenins *Muschiks* emanzipiert und ihre archaische Lebensweise zum Untergang verurteilt. »Ich bin der letzte Dichter des Dorfes«, sagte Jessenin. »Wie eine hölzerne Uhr wird der Mond mein letztes Stündchen qualvoll hinschleppen.« Chagall war dazu bestimmt, der letzte Maler des *Schtetl* zu sein: die hölzerne Uhr und der Mond, die sein »letztes Stündchen« hinschleppen, sind auf so vielen seiner Leinwände zu sehen.

Aber auch in Berlin, Paris und New York lebte Chagall weiterhin aus der Erinnerung an sein Witebsk und sein Rußland – nur daß er jetzt in der jüdischen Tradition Zuflucht suchte, in die er sich tiefer und tiefer hineinversenkte.

Der Jude, der die heiligen Schriftrollen an sich preßt und sie vor den Flammen rettet, wird ein dauerndes Motiv in Chagalls Bildern; oder der Wandernde Jude, der inmitten allen Aufruhrs der Welt seinen vorgezeichneten Weg geht. Diese beiden Motive sehen wir im Mittelpunkt und im Vordergrund von *Die Revolution,* das Chagall im Jahr 1937 malte.

An der Seite des betenden Juden sehen wir eine Lenin ähnliche Gestalt, die auf dem Kopf steht, und rote Fahnen und Szenen aus dem russischen Bürgerkrieg sind im bevölkerten Hintergrund zu sehen. Es war eine ehrgeizige und doch konfuse Komposition: Es fehlte ihr in der Form wie in der Idee die nötige Konzentration; sie bezeugte Chagalls Verwirrung über das Thema; und er selbst schnitt dieses Bild dann in Stücke.

Dabei ist Chagall von seinem Temperament her kein tragischer Künstler; die Tragödie hatte ihn überkommen. Das Jahrzehnt seiner Rückkehr nach Westeuropa, die Zeit von 1923 bis 1933, war für ihn eine Zeit der Erholung, der Freude und des Triumphs. Er hatte ja niemals etwas von der Ruhelosigkeit in sich, die Picasso ständig dazu trieb, sich selbst und seine Errungenschaften immer wieder in Frage zu stellen und zu verwerfen.

Chagall neigte eher zu einer mit sich selbst zufriedenen Heiterkeit, sogar Selbstgefälligkeit. Er ist »optimistisch«; er sucht Vergewisserung und Trost in der »biologischen Permanenz des Lebens«.

Und doch wird die Feuerprobe des europäischen Judentums noch einmal seine Leinwände füllen. Er malt sein *Guernica* oder vielmehr seine Guernicas, eine lange Serie von *Kreuzigungen*, Kreuzigungen in Rot, in Blau, in Gelb. Chagalls Christus ist, wie Meyer betont, nicht christlich; er ist die gedrängte Verkörperung des jüdischen Martyriums. Er »liegt in all seinem unermeßlichen Schmerz ausgestreckt über einer Welt der Schrecken, (während um ihn) Menschen gejagt, verfolgt und ermordet werden«.

Noch immer in den jüdischen Gebetsschal eingehüllt, trägt er zuweilen das Stoffmützchen und die zerrissenen Hosen eines armen Witebsker Juden; unter ihm, auf der Erde, fliehen Haufen von schreckenerfüllten Juden; Synagogen und heilige Schriftrollen gehen in Flammen und Rauch auf. Und während in christlicher Darstellung alles Leiden in Christus verkörpert und durch sein Opfer überwunden wird, besiegt der Christus in Chagalls Kreuzigungsdarstellung das Leiden nicht.

»Chagalls Christusfigur«, schreibt Meyer, »ermangelt der christlichen Konzeption des Heils. Denn seine Heiligkeit ist in keiner Weise göttlich. (Er) ist ein *Mensch*, der in tausendfacher Form Leid erduldet... (der) in aller Ewigkeit vom Feuer der Welt verbrannt wird und dennoch... unzerstörbar bleibt.«

Schließlich sehen wir nicht eine, sondern viele Christusfiguren, in den Werktagskleidern der armen Juden, die an Kreuzen entlang der vertrauten engen und verwinkelten Straßen von Chagalls Witebsk hängen. Und Chagall nimmt Christus in die jüdische Geschichte zurück. Das Bild *Die Durchquerung des Roten Meeres,* gemalt 1954/55, eröffnet dem Schicksal der Juden eine symbolische Perspektive mit der hoch aufragenden Figur des Moses im Vordergrund und dem jüdischen Märtyrer am Kreuz im Hintergrund. Chagalls Vision gewinnt noch einmal an Kraft, Schärfe und Intensität. Und doch liegt dem seine Aussöhnung mit der jüdischen Geschichte, seine Ergebung in sie, zugrunde. Er denunziert und verurteilt niemanden. Über der Asche von Majdanek und Auschwitz weint er sein *Kaddish,* sein großes Gebet für die Toten.

Die jüdische Tragödie und der Historiker

Für einen Historiker, der die Massenvernichtung der Juden zu begreifen sucht, besteht die größte Schwierigkeit in der absoluten Einmaligkeit dieses schrecklichen Geschehens. Es wird niemals nur eine Frage der Zeit und der historischen Perspektive sein. Ich glaube, daß die Menschen auch in tausend Jahren Hitler, Auschwitz, Majdanek und Treblinka kaum besser verstehen werden als unsere Generation. Kann man von ihnen denn einen besseren historischen Überblick erwarten? Für die Nachwelt wird alles vielleicht sogar noch schwerer zu verstehen sein als für uns.

Haben denn Juden und Nichtjuden, die in der Zeit der Aufklärung und des Rationalismus lebten, die spanische Inquisition besser verstanden als ihre Glaubensbrüder unter der Herrschaft von Ferdinand und Isabella? Und dabei waren die Ketzergerichte der Inquisitionszeit ein Kinderspiel im Vergleich mit Auschwitz und Majdanek. In der Inquisition kommt noch eine gewisse menschliche Logik zum Vorschein, denn sie behandelte die Juden nicht anders als die übrigen Ketzer und Ungläubigen, sie ließ sie physisch am Leben und belohnte sie sogar, wenn sie zur geistigen Kapitulation bereit waren.

Die bedingungslose Versessenheit des Nazismus, jeden Juden in seinem Herrschaftsbereich auszurotten – ob Mann, Frau oder Kind –, übersteigt das Fassungsvermögen eines Historikers, der sich bemüht, die Beweggründe menschlichen Handelns zu ermitteln und die Interessen hinter diesen Beweggründen aufzuspüren. Wer traut sich zu, die

Beweggründe und Interessen zu analysieren, die sich hinter den Ungeheuerlichkeiten von Auschwitz verbergen?

Daß ich auch jetzt nicht in der Lage bin, als Historiker objektiv über die jüdische Katastrophe zu schreiben, liegt – dessen bin ich sicher – nicht an meiner persönlichen Betroffenheit. Es liegt weit eher daran, daß wir es hier mit einer ungeheuerlichen, verhängnisvollen und unheimlichen Degeneration des menschlichen Charakters zu tun haben, die der Menschheit immer ein Rätsel bleiben und ihr immer wieder Angst und Schrecken einjagen wird.

Vielleicht könnte ein neuer Aischylos oder ein neuer Sophokles ein solches Thema bewältigen – auf einer Ebene allerdings, die jenseits historischer Interpretation und Erklärung liegt.

Anmerkungen

Isaac Deutscher. 1907–1967

Übersetzt von Katrin Lea Böthling.

Die Erziehung eines jüdischen Kindes

1 Chrzanów liegt 30 Kilometer südöstlich von Kattowitz, 40 Kilometer westlich von Krakau und 18 Kilometer nördlich von Auschwitz. Im Jahr 1907, Isaac Deutschers Geburtsjahr, hatte Chrzanów 6000 Einwohner, davon 4 500 Juden.
2 Chassidischer Mantel.
3 In einem Interview mit dem deutschen Fernsehen im Juli 1967.

Der nichtjüdische Jude

Dieser Essay beruht auf einem Vortrag, den Isaac Deutscher auf der Jüdischen Buchwoche anläßlich des Jüdischen Weltkongresses im Februar 1958 gehalten hat.

1 Auslegung zur Tora.
2 Rabbi Meir Ba'al HaNes, der »der Wundertäter«, war ein führender Tannaite der dritten bzw. vierten Generation (2. Jahrhundert), einer der Verfasser der Mischna, der bedeutendste Schüler Rabbi Akibas. Die Tannaiten (aus dem aramäischen Taná: Lehrer) sind, als Nachfolger Hillels und Shammais, die Lehrer der mündlichen Lehre, die in Palästina und Babylon während der Zeit 10–220 (Zerstörung des Zweiten Tempels im Jahre 70) die Komplexe von *Mischná, Midrasch, Toseftá* (Zusatz zu *Mischná*) und *Baraitá* (sog. »äußere« *Mischná*) zusammentrugen. Rabbi Meir wurde durch seine in die *Mischná*

eingegangenen Parabeln und Midraschim berühmt. Zusammen mit seiner Ehefrau Bruria wurde er zum Helden vieler Legenden. Sein in Tiberias vermutetes Grab wird bis zum heutigen Tag verehrt.

3 *Mischná* ist die die mündliche Lehre umfassende, niedergeschriebene kanonische Gesetzessammlung.

4 Elischa ben Abujah, genannt Acher (hebräisch: der Andere, der Andersartige; in die Überlieferung ist Elischa ben Abujah als »der Gesetzlose« eingegangen), gehörte der dritten Generation der Tannaiten an, die zwischen 120 und 140 wirkte.

5 [Anmerkung Deutschers]
»Es ist ein ernstlicher Nachteil, der aus dem großen weltlichen Sieg der Christenheit resultiert, daß die christlichen Denker kaum in lebendigen Kontakt mit anderen Religionen und Weltauffassungen treten. Die Folge dieser fehlenden Erfahrung besteht darin, daß die christliche Weltanschauung ganz selbstverständlich als wahr angesehen wird ... Der kühnste und originellste Denker ... war Spinoza, der über den theologischen Vorurteilen stand, von denen sich die anderen nicht vollständig freimachen konnten.« (*The Correspondence of Spinoza*, Einleitung von A. Wolf)

6 *Maranim* aus dem spanischen *Marranos*: Schweine; hebräisch auch: *Anussím*; deutsch: Maranen. Während der Inquisition in Spanien und Portugal zwangsweise getaufte Juden, die insgeheim ihren jüdischen Glauben weiter ausübten.

7 Uriel Acosta, auch genannt Gabriel Da Costa (geb. Porto 1585, gest. Amsterdam 1640), war Philosoph und Lehrer Spinozas. Seine aus Kastilien stammende Familie wurde zwangsgetauft und er von der Kirche erzogen. 1615 flüchtete er nach Amsterdam, kehrte zur jüdischen Religion zurück; zwischen ihm und den Rabbinern kam es zu weltanschaulichen Kontroversen. Wegen »Herausforderung« und Mißachtung jüdischer Traditionen exkommuniziert und später wieder begnadigt. Verübte Selbstmord.

8 Im Original Deutsch.

9 Im Original Deutsch.

10 Im Original Deutsch.

11 Thomas Babington Macaulay, 1. Baron Macaulay, 1800–1859, britischer

Historiker, Dichter und Politiker, Parlamentsmitglied der Whig-Partei, später Liberal Party.

12 Im Original Deutsch.

Wer ist Jude?

Wer ist Jude? Welche Stellung nimmt der jüdische Intellektuelle in der modernen Gesellschaft ein, und welche Rolle sollte er in ihr spielen? Diese Fragen standen im Mittelpunkt einer lebhaften Debatte, die Mitte der sechziger Jahre des vorigen Jahrhunderts in jüdischen Kreisen geführt wurde. Isaac Deutschers Beitrag erfolgte in der Form eines Interviews für *The Jewish Quarterly* (London 1966), in welchem er die stillschweigende Annahme einer positiv gegebenen »jüdischen Gemeinschaft« in Frage stellte; außerdem nahm er an einer von der britischen Sektion des Jüdischen Weltkongresses veranstalteten Diskussion im November 1963 teil. Der vorliegende Essay ist eine Zusammenfassung des Interviews und seines Diskussionsbeitrages.

Im ersten Teil dieses Essays spricht Deutscher von einem Mann, »der fast zwanzig Jahre älter war als ich«, mit dem er Ende der dreißiger Jahre des vorigen Jahrhunderts eng politisch zusammengearbeitet hatte. Dieser Mann hieß Hersch Mendel, zu dessen jiddisch geschriebenen Erinnerungen Isaac Deutscher eine Einleitung verfaßte. Auf Deutsch erschien als *Erinnerungen eines jüdischen Revolutionärs,* aus dem Jiddischen von Nele Löw-Beer und Jakob Moneta. Mit einer Einleitung von Isaac Deutscher und einem Nachwort von Jakob Moneta, Berlin 1979.

1 Hebräische Bezeichnung für Juden.

2 [Anmerkung Deutschers] Baruch Spinoza, *Theologisch-politischer Traktat,* Kapitel III.

3 Im Original Deutsch.

4 Sir Isaac Wolfson, 1st Baronet FRS, 1897–1991, schottischer Unternehmer und Philanthrop. Pierre Mendès-France, 1907–1982, Radikalsozialist und 1954/55 unter de Gaulle Ministerpräsident, 1956 Staatsminister, 1959 aus seiner Partei ausgeschlossen. Lasar Moissejewitsch Kaganowitsch (geb. Kogan), 1893–1991, engster Vertrauter von Stalin, Mitglied

des Politbüros und des Zentralkomitees der Kommunistischen Partei der Sowjetunion seit den 30er Jahren. Führend an der Zwangskollektivierung und an den Säuberungen beteiligt. 1957 aller Ämter enthoben.

5 Mea Schearim (»Die hundert Tore«): orthodoxes jüdisches Stadtviertel in Jerusalem. (Vgl. Deutschers Essay »Israels geistiges Klima« in diesem Band.)

6 Im Original Deutsch.

7 1823 wurden in Preußen wesentliche Teile des Emanzipationsedikts von 1812 aufgehoben. Dies hatte vor allem zur Folge, daß eine Generation junger Juden, die akademische Berufe ergriffen hatten, keine beruflichen Chancen mehr besaßen, wenn sie nicht ihre »persönlichen Verhältnisse« – so umschrieben die Behörden den Taufzwang – veränderten. Die beiden Freunde Heine und Gans ließen sich 1825 taufen. Heine widmete Gans' Taufe ein Gedicht mit dem Titel »Einem Abtrünnigen«, aus dem auch die von Deutscher zitierten Zeilen stammen. Der entscheidende Vers lautet:

»Und du bist zu Kreuz gekrochen,
Zu dem Kreuz, das du verachtest,
Das du noch vor wenig Wochen
In den Staub zu treten trachtest.«

Von religiöser Bekehrung kann keine Rede sein.

8 Im Original Deutsch.

Die Russische Revolution und das jüdische Problem

Text eines Vortrages, den Isaac Deutscher vor der Jewish Society der Studentenvereinigung an der London School of Economics am 29. Oktober 1964 hielt.

1 Im Original Deutsch-Jiddisch.

2 Im Original Deutsch.

3 Jiddischer Ausdruck für das hebräische *Kehilót*: Gemeinden.

4 Hebräisch: Arbeiter Zions. 1901 in Osteuropa gegründete wichtige zionistisch-sozialistische Bewegung, die vor allem in Rußland und Polen, aber auch aber auch in Nord- und Südamerika und in Palästina

danach strebte, eine Synthese zwischen Zionismus und Sozialismus herzustellen.

5 Mehrzahl von hebräisch: *Goi*, in der Tora Synonym für Volk. Gewöhnlich verwendet für: Nichtjude.

6 [Anmerkung Deutschers] In Israel lebten 1965 über zwei Millionen Juden in Städten und nur 267 000 auf dem Land.

7 An-Ski (Pseudonym für Schlomo Seinwel Rappoport), 1863–1920, russisch-jüdischer Schriftsteller, Anhänger der Volkstümler, später Sekretär des Sozialrevolutionärs Piotr Lawrow in Paris; nach der Februarrevolution Deputierter in Petersburg. Nach der Oktoberrevolution Flucht nach Wilna, Autor des 1920 uraufgeführten Stückes *Der Dibbuk*, stirbt in Warschau. Veröffentlichungen hauptsächlich in jiddischer Sprache.

Überreste einer Rasse

Dieser Text erschien erstmals unter dem Titel »Remnants of a Race« in *The Economist*, 12. Januar 1946.

1 UNRRA: United Nations Relief and Rehabilitation Administration (Nothilfe und Wiederaufbauverwaltung der Vereinten Nationen). Bereits im November 1943 gegründet wurde sie 1945 von der UNO übernommen als Hilfsorganisation zur Unterstützung der Flüchtlinge und Verschleppten (DP: Displaced Persons) in den von den Alliierten verwalteten Gebieten.

Israels geistiges Klima

Dieser Text erschien erstmals unter dem Titel »Israel's Spiritual Climate« in *The Reporter*, April/Mai 1954.

1 Buch der Kabbala (jüdische Mystik).

2 Israelischer Gewerkschaftsdachverband.

3 Übersetzung von *Chowewei Zion*, auch *Chibat Zion*, seit 1881 in Europa organisierte Bewegung zionistischer Prägung.

4 »Der junge Wächter«, internationale sozialistisch-zionistische Jugendorganisation mit Pfadfinderselbstverständnis, entwickelte sich in Israel ab 1948 zur Mapám–Partei.

5 Gemeint ist der Emek Yesr'eél (Tal Yesr'eél), im Norden Israels, der vom Jüdischen Nationalfonds, *Keren Kayemeth Leisrael*, gegr. 1901, und der *Chewrat Hachscharath Hajeschuw*, gegr. 1909 (heute: Israel Land Development Company), in den zwanziger Jahren durch Jehoschua Chawkin von der libanesischen Bankiersfamilie Surssuk für die Ansiedlung erworben und schließlich in schweren Auseinandersetzungen mit den anliegenden 26 Dörfern erschlossen wurde.

6 Sozialutopisches Modell kollektiver Landwirtschaft (nach Charles Fourier).

7 Es handelt sich um die sowjetischen Gesandten in Teheran, Michailow und Petrenko, die Palästina 1941 für eineinhalb Tage besuchten, um die Einstellung der Führung des Jischuw zu Kriegs- und Nachkriegsfragen zu erkunden. Sie besichtigten die Kibbutzim Ma'abarot, Afikim und Merhawia, die Stadt Bethlehem und die offiziellen zionistischen Einrichtungen *Agency* (die *Sochnuth*) und *Wa'ad Leumi* (Jüdischer Nationalrat).

8 Das Tal Gehinnom, Ortsname im biblischen Juda, auch Gehenna, wichtige Nekropole aus der Zeit des Königs Chiskija (8. Jahrhundert v. u. Z.), liegt an der südlichen Grenze des alten Jerusalem und erstreckt sich vom Berg Zion nach Osten bis zum Kidrontal. In Jehoschua 15,8 beschrieben als eine tiefe, enge Schlucht am Fuße der Mauern von Jerusalem.

9 Vergeltungsaktion der israelischen Armee gegen einen Außenposten der Arabischen Legion im jordanischen Dorf Qibya in der West Bank am 15. Oktober 1953. Da zwei Drittel der getöteten 69 Palästinenser Frauen und Kinder waren auch als »Qibya-Massaker« bezeichnet. (Vgl. Dan Diner, »Nationalstaatsproblem und Nahostpolitik«, in: *Fischer Weltgeschichte*, Bd. 36, Frankfurt/M. 1981.)

10 Im Original Deutsch.

Israels zehnter Geburtstag

Dieser Text erschien erstmals unter dem Titel »Israel's Tenth Birthday« in: *The Observer,* April 1958.

1 Kürzel für *Plugóth-Máhatz*: Sturmtruppe, Elitetruppe der paramilitärischen Untergrundorganisation Haganá.

Der israelisch-arabische Krieg vom Juni 1967

Nach einem Interview mit der Zeitschrift *New Left Review* vom 23. Juni 1967.

1 [Anmerkung Deutschers] In den letzten Jahren hat Israel bis zu 250 Millionen Dollar jährlich in Form von Zuschüssen und Darlehen als Hilfe von den Vereinigten Staaten und als Spenden jüdischer Gönner im Ausland erhalten. Das macht fast 125 Dollar jährlich pro Kopf der israelischen Bevölkerung.

2 Im Original Deutsch.

3 Guy Mollet, 1905–1975, langjähriger Generalsekretär der Sozialistischen Partei Frankreichs; nach 1945 verschiedene Ministerposten, während des Suez-Krieges Ministerpräsident. 1. Earl Lord Avon (d. i. Robert Anthony Eden), 1897–1977, Konservativer Politiker, mehrfach Außenminister, von 1955–1957, nach dem Rücktritt Churchills, englischer Premierminister. John Selwyn Brooke Lloyd, Baron Selwyn-Lloyd, 1904–1978, Konservativer Politiker, 1955–1960 britischer Außenminister.

Marc Chagall und die jüdische Vorstellungswelt

Dieser Text wurde erstmals im dritten Programm der BBC am 12. August 1965 gesendet.
Übersetzt von Anna Leszczynska.

Jüdische Lebenswelten bei Wagenbach

Yosef H. Yerushalmi Sachor: Erinnere dich!

Jüdische Geschichte und jüdisches Gedächtnis

Was zeichnet die Erinnerung des jüdischen Volkes aus, die das Überleben trotz Vertreibung, Verstreuung und Verfolgung sicherte? Ein Klassiker nicht nur jüdischer Geschichtsschreibung, mit einem neuen Nachwort von Michael Brenner.

Aus dem Amerikanischen von Wolfgang Heuss
Mit einem Nachwort von Michael Brenner
WAT 859. Broschiert. 176 Seiten

Wolf Iro Nach Israel kommen

Als Deutscher nach Israel zu kommen ist nichts Normales. Wolf Iro fragt, woher Missverständnisse und falsches Verhalten rühren, und plädiert – gerade angesichts des wieder unverhohlener geäußerten Antisemitismus – für mehr Empathie im Umgang mit Israel.

Mit einem Vorwort von Dan Diner
Politik. Klappenbroschur. 128 Seiten

Luciano Valabrega Puntarelle & Pomodori

Die römisch-jüdische Küche meiner Familie

Luciano Valabrega, römischer Künstler, Dichter und passionierter Koch, hat mit den traditionellen Gerichten seiner jüdischen Familie auch seine Erinnerungen an das Leben im Rom des Faschismus und der Nachkriegsjahre aufgeschrieben. Ein ungewöhnliches, überreiches Kochbuch voller Geschichten.

Aus dem Italienischen von Marianne Schneider
SVLTO. Rotes Leinen. Fadengeheftet. 144 Seiten

Marina Frenk **ewig her und gar nicht wahr** Roman
Kann man sich totstellen, um der sicheren Erschießung zu entkommen? Einen Fluch unschädlich machen, indem man die Tür verriegelt? Den Abschied vergessen und Gefühle auf Leinwand bannen? Kira erzählt ihre Familiengeschichte. Eine Geschichte von Aufbrüchen und Verwandlungen, von Krokodilen und Papierdrachen.
Quart*buch*. Gebunden mit Schutzumschlag. 240 Seiten

Josepha Mendels **Du wusstest es doch** Roman
Josepha Mendels führte ein für damalige Verhältnisse beispiellos unabhängiges Leben und setzte mit der Figur der Henriëtte allen frei denkenden, fühlenden und handelnden, ebenso verrückten wie lebensklugen Frauen ein Denkmal.
Aus dem Niederländischen von Marlene Müller-Haas
Quart*buch*. Gebunden mit Schutzumschlag. 192 Seiten

Giorgio Bassani **Die Gärten der Finzi-Contini** Roman
Mit seinem berühmtesten Roman, der zarten Geschichte einer großen, unerfüllten Liebe und zugleich Chronik des tragischen Schicksals des jüdischen Bürgertums in Italien, hat sich Giorgio Bassani einen Platz in der Weltliteratur erschrieben.
Aus dem Italienischen von Herbert Schlüter
WAT 404. Broschiert. 320 Seiten

Moische Kulbak **Der Messias vom Stamme Efraim** Roman
Moische Kulbak erweckt in seinem 1924 erstmals erschienenen Kurzroman die alte litauisch-jüdische Welt eindrucksvoll zu neuem Leben.
Aus dem Jiddischen und mit einem Nachwort von Andrej Jendrusch
Oktav*heft*. Elegante Klappenbroschur. 144 Seiten

Yosef H. Yerushalmi Ein Feld in Anatot

Versuche über jüdische Geschichte

Ein im heutigen Europa äußerst aktuelles Buch über das Verhältnis der Juden zu ihrer Geschichte, über Erinnern, Hoffen und Vergessen.

Aus dem Amerikanischen von Bruni Röhm und Wolfgang Heuss
KKB. Englische Broschur. 96 Seiten

Klaus Wagenbach Franz Kafka. Bilder aus seinem Leben

Die Neuausgabe der Standard-Bildmonographie von Klaus Wagenbach, der wiederum sein in über fünf Jahrzehnten entstandenes riesiges Bildarchiv geöffnet hat. So lernen wir durch neu aufgefundene Photos nicht nur die Tänzerin Eduardowa, die Schauspielerin Tschissik oder die Salondame Fanta kennen, sondern auch Kafkas Professoren Anton Marty und Hans Gross, seinen Vorgesetzten Dr. Robert Marschner und seine Großmutter Julie.

Veränderte und erweiterte Ausgabe mit vielen neuen Photographien und Dokumenten
Leinen. Fadengeheftet. 256 Seiten mit ca. 700 Abbildungen